AF545798
www.entdecke.de

# *Entdecke* die skurrilsten Tiere

Leonie Proscurcin

Titelbild: Sieht das Fingertier oder Aye-Aye nicht wirklich skurril aus?
Rückseite: Erdferkel wirken auch nicht gerade alltäglich ...
Seite 1: Ulkiger Blick: eine Heuschrecke aus Nicaragua
Seite 2/3: Kein Fisch wie alle anderen ist dieser südamerikanische Tamandua-Messerfisch

Die in diesem Buch enthaltenen Angaben wurden von der Autorin nach bestem Wissen erstellt und sorgfältig überprüft. Da inhaltliche Fehler trotzdem nicht völlig auszuschließen sind, erfolgen diese Angaben ohne jegliche Verpflichtung des Verlages oder der Autorin. Beide übernehmen keine Haftung für etwaige inhaltliche Unrichtigkeiten.
Alle Rechte, insbesondere das Recht der Vervielfältigung und Verbreitung sowie der Übersetzung sind vorbehalten. Kein Teil des Werkes darf in irgendeiner Form (Druck, Fotokopie, Mikrofilm oder andere Verfahren) ohne schriftliche Genehmigung des Verlages reproduziert oder unter Verwendung elektronischer Systeme verarbeitet, gespeichert oder vervielfältigt werden.

ISBN: 978-3-86659-477-7
1. Auflage 2023

© 2023 Natur und Tier - Verlag GmbH
An der Kleimannbrücke 39/41
48157 Münster
Tel.: 0251-13339-0, Fax: 0251-13339-33
E-Mail: verlag@ms-verlag.de

Home: www.ms-verlag.de
Geschäftsführung: Matthias Schmidt
Layout: Barbara Leibig – grafikwerkstatt – BueroB
Lektorat und Bildredaktion: Kriton Kunz
Druck: Drusala, Frýdek-Místek

Titelbild: mauritius images / Thorsten Negro / imageBROKER
Rückseite: shutterstock / Eric Isselee
Vorsatz: shutterstock / James van den Broek

Bildautoren
Seite 48: oben: Chris Lukhaup

Juniors@wildlife
Seite 30: unten: Biosphoto/juniors@wildlife
Seite 31: oben: Minden Pictures/Juniors
Seite 54: Biosphoto/juniors@wildlife
Seite 25: unten: Cole, B./juniors@wildlife

Mauritius Images
Seite 1: mauritius images / O.DIGOIT / Alamy
Seite 6: Dorling Kindersley ltd / Alamy
Seite 11: Chris & Monique Fallows
Seite 12: oben: Ger Bosma / Alamy
Seite 13: Minden Pictures / Heidi & Hans-Juergen Koch
Seite 14: oben: Science Source
Seite 14: unten: Auscape International Pty Ltd / Alamy
Seite 17: Thorsten Negro / imageBROKER
Seite 20: oben: Dr. Alexandra Laube / imageBROKER
Seite 24: Science Source / FenolioD
Seite 25: oben: Science Source / Tom McHugh
Seite 29: unten: Minden Pictures / Paul Bertner
Seite 31: unten: Guenter Fischer / imageBROKER
Seite 33: Blickwinkel / Alamy
Seite 34: Nigel Dennis
Seite 37: oben: Mint Images / Frans Lanting
Seite 40: oben: Reinhard Dirscherl
Seite 41: Minden Pictures / Stephen Dalton
Seite 43: unten links: robertharding / Ann & Steve Toon
Seite 44: Gerry Pearce / Alamy
Seite 46: unten: Gerard Lacz
Seite 47: oben rechts: Photoshot Creative / Paulo de Oliveira
Seite 47 unten: Minden Pictures / Piotr Naskrecki
Seite 48: unten rechts: John Cancalosi / Alamy
Seite 52: unten rechts: Otto Plantema/ Buiten-beeld
Seite 52: unten links: David tipling / imageBROKER
Nature Picture Library
Seite 42: JIM CLARE
Seite 47: oben links: Daniel Heuclin

Okapia
Seite 36: oben: BIOS/OKAPIA
Seite 50: oben: Adam Fletcher/BIOS/OKAPIA

Shutterstock
Seite 2/3: Dan Olsen
Seite 4: Jay Ondreicka
Seite 5: Steve Bower
Seite 6: oben links: Danny Radius
Seite 6: oben rechts: Pisit Rapitpunt
Seite 7: oben links: Tran The Ngoc
Seite 7: mitte: Tran The Ngoc
Seite 7: unten: e2dan
Seite 8/9:ganze Seite: Alen thien
Seite 9: oben: Fabio Maffei
Seite 10: oben: Eric Isselee
Seite 10: mitte: lostbear
Seite 10: unten: Eric Isselee
Seite 11: unten: Aunt Spray
Seite 12: unten: Neil Bromhall
Seite 15: Eric Isselee
Seite 16: Animal Search
Seite 16/17: LouieLea
Seite 18: Artush
Seite 19: Anna Veselova
Seite 20: mitte: Artography
Seite 21: oben: Ryan M. Bolton
Seite 21: unten: HHelene
Seite 22: kikujungboy CC
Seite 23: superjoseph
Seize 26: Rattiya Thongdumhyu
Seite 27: oben: Rattiya Thongdumhyu
Seite 27: unten: D. Kucharski K. Kucharska
Seite 28: oben: Evgeniyqw
Seite 28/29: toha90
Seite 28: unten: Manfred Ruckszio
Seite 29: oben: Tatiana Belova
Seite 30: oben links: Matee Nuserm
Seite 30: oben rechts: Rusty Dodson
Seite 30: ganze Seite: Ekkapan Poddamrong
Seite 31: oben: Matt Jeppson
Seite 32: oben: Jacek Jasinski
Seite 32: unten: Anant Kasetsinsombut
Seite 34: FotoMous
Seite 35: mitte: lalito
Seite 35: unten: Robert Eastman
Seite 36: unten: reptiles4all
Seite 37: unten: Uwe Bergwitz
Seite 38: 3Dstock
Seite 39: oben rechts: Ian D M Robertson
Seite 39: oben links: MichelleCoppiens
Seite 39: unten: Kuttelvaserova Stuchelova
Seite 39: mitte: Eric Isselee
Seite 40: unten: Levent Konuk
Seite 42: mitte: belizar
Seite 43: oben: SvetlanaSF
Seite 43: unten rechts: Kristesoro
Seite 45: oben: Eric Isselee
Seite 45: unten: Ken Griffiths
Seite 46: oben: HTU
Seite 48: unten: panor156
Seite 49: unten links: Cathy Keifer
Seite 49: oben: khlungcenter
Seite 50: unten links: Chuck Wagner
Seite 50: unten rechts: SIMON SHIM
Seite 51: oben: Petr Salinger
Seite 51: unten: Rafael Martos Martins
Seite 52: oben: Guan jiangchi
Seite 53: oben: Nick Fox
Seite 53: mitte links:
Martin Mecnarowski
Seite 53: unten rechts:
robert mcgillivray
Seite 54: Karel Bartik
Seite 55: oben: teekayu
Seite 55: unten: Tanes Ngamsom
Seite 565: oben: Yusnizam Yusof
Seite 56: unten: Francisco Barbozzza
Seite 57: haveseen
Seite 58: oben: jacotakepics
Seite 58: mitte: Eric Isselee
Seite 58: unten: BORINA OLGA
Seite 59: oben: Eric Isselee
Seite 59: mitte: iofoto
Seite 59: unten: Eric Isselee
Seite 60: oben: Nynke van Holten
Seite 60: unten: otsphoto
Seite 61: Dorottya Mathe
Seite 62: Brian Magnier
Seite 64: Kawin Jiaranaisakul

# Inhaltsverzeichnis

Die Raupe eines Ritterfalters aus Nordamerika ahmt durch ihr Aussehen und ihr Verhalten die Schlange nach, die Du rechts siehst, die Raue Grasnatter. Dadurch schreckt sie Feinde ab.

# Echt skurril!

Keine Frage: Hamster sind niedlich, Pferde elegant und Löwen majestätisch. Aber hast Du auch schon einmal richtig sonderbare oder regelrecht hässlich erscheinende Tiere gesehen? Die Tierwelt steckt voller Überraschungen, und manche Arten können uns allein durch ihr Aussehen zum Lachen, Fürchten und Staunen bringen.

Dass wir Tiere skurril oder lustig finden, ist vor allem deshalb der Fall, weil wir sie aus unserem menschlichen Blickwinkel betrachten. Wir vergleichen beispielsweise ihre Ohren mit unseren Ohren oder ihre Nase mit unserer Nase.

**Die Raue Grasnatter kommt in denselben Lebensräumen vor wie die Raupe des Ritterfalters**

**Diese Wanze erinnert an ein menschliches Gesicht**

**Der Marabu ist wahrlich keine Schönheit. Aber sein Aussehen beruht auf wichtigen Anpassungen an seine Lebensweise.**

Schauen wir uns einmal als Beispiel für ein skurriles Tier den Marabu an. Dieser sehr große afrikanische Vogel zählt zur Familie der Störche. Schön anzusehen ist er nicht gerade: Kopf und Hals sind fast nackt, und am Hals hängt ein rosafarbener, schrumpeliger Kehlsack. Aber all das erfüllt einen wichtigen Zweck, denn Marabus ernähren sich vor allem von Aas, also toten Tieren. Stünden an Kopf und Hals Federn, so würden diese stark verschmutzen, wenn der Vogel sie in ein totes Tier steckt, um zu fressen.

Auch viele Geierarten haben hier keine Federn, weil sie zum Fressen mit Kopf und Hals tief in Kadaver eindringen. Das Gefieder danach zu reinigen, wäre sehr schwierig.

**Ulkig wirkt der Panzerkopf-Laubfrosch aus Mittelamerika**

Manche Arten der Buckelzikaden wie links und unten besitzen bizarre Kopfauswüchse

In der Natur steckt hinter einem sonderbaren Äußeren der Tiere immer die Evolution, also die Entwicklung über extrem lange Zeiträume. Dadurch ist jedes Lebewesen nahezu perfekt an seinen jeweiligen Lebensraum und seine Lebensweise angepasst. Riesige Ohren, die uns ulkig erscheinen, eine merkwürdige Körpergestalt oder sonstige skurrile Merkmale, deren Sinn sich uns auf den ersten Blick gar nicht erschließt, können einen wichtigen Vorteil im Kampf ums Überleben bedeuten.

## Gurkig

**Rund 1 700 Arten von Seegurken gibt es in den Weltmeeren. Es handelt sich um Stachelhäuter, die Tiere sind also mit Seeigeln und Seesternen verwandt. Auch wenn die meisten nur etwa zehn bis zwanzig Zentimeter lang werden, so erreicht die größte Art eine Länge von bis zu drei Metern! In manchen Gegenden der Welt gelten Seegurken als Delikatesse.**

## Skurril, aber mit Funktion!

Ob furchterregende Zähne, lange Nasen oder bizarre Körperanhängsel – alles hat eine besondere Funktion und ist damit wichtig für den Besitzer, auch wenn es uns merkwürdig vorkommen mag. Riesige Ohren beispielsweise verstärken den eintreffenden Schall besonders gut, sodass das betreffende Tier hervorragend hören kann. Indem es seine Ohren in alle Richtungen zu drehen vermag, ist es sogar dazu in der Lage, genau zu orten, woher der Schall kommt, wo also beispielsweise ein Beutetier sitzt oder ein Feind lauert.

Merkwürdige Fransen und Hautanhänge dienen meist der Tarnung, denn sie lösen die Körperumrisse des Tiers optisch auf: Ein Feind kann dann gar nicht unterscheiden, wo die mögliche Beute beginnt und wo der Untergrund aufhört. Dadurch bleibt das gefranste Tier unentdeckt.

Auf uns mögen die Gesichter vieler Fledermausarten gruselig wirken. Aber die riesigen Ohren und die merkwürdige Nase spielen eine wichtige Rolle: Sie helfen dabei, per Ultraschall-Ortung Beute zu finden und sich zu orientieren.

Wie ein gestieltes Blatt wirkt diese hübsche Spitzkopfzikade

Geißelspinnen mit ihren mächtigen, stacheligen Werkzeugen zum Fang der Beute und den langen Beinen wirken wie Wesen aus einer anderen Welt

## Menschliches Schönheitsideal? Unfair!

Wenn wir also Tiere nach unserem Schönheitsideal beurteilen, legen wir den falschen Maßstab an. Für die betreffende Art zählen ganz andere Dinge im Kampf ums Überleben – und wenn ein auf uns skurril wirkendes Äußeres ihm dabei hilft, dann ist das hochwillkommen. In diesem Buch stelle ich Dir zusammen mit dem cleveren Eulchen Xabi eine Vielzahl besonders skurriler Tiere vor und schildere Dir, wie sie leben. Du wirst dann auch verstehen, wozu die Körpermerkmale nützlich sind, die uns merkwürdig oder komisch vorkommen. Viel Spaß auf dieser spannenden Reise zu wunderlichen Wesen, von denen Du viele vielleicht noch nie zuvor gesehen hast!

Auch viele vom Menschen gezüchtete Haustierrassen sehen skurril aus, wie das Langhaar-Peruanermeerschweinchen oben oder der junge Griffon-Bruxellis-Hund rechts

Der merkwürdige Mondfisch ist der schwerste Knochenfisch der Welt. Bis über drei Meter lang kann er werden und mehr als 2 000 Kilogramm auf die Waage bringen.

Etwa so wie in dieser Nachbildung muss die Dronte ausgesehen haben. Leider ist die Art vollständig ausgerottet.

## Leider ausgerottet

Etliche skurrile Tiere hat der Mensch leider schon ausgerottet. Dazu zählt beispielsweise die Dronte, ein ulkig aussehender, flugunfähiger Vogel, der die Insel Mauritius bewohnte.

# Grabende Exoten

Sie graben sich durchs Erdreich: auf der Suche nach Nahrung und Schutz vor Feinden. Unter der Erde ist mehr los, als Du es Dir möglicherweise vorgestellt hast!

## Der Nacktmull

Ob etwas hässlich ist oder schön, darüber kann man bekanntlich verschiedener Meinung sein. Der Nacktmull allerdings sieht aus wie ein haarloser Maulwurf mit dicker, faltiger Haut, hat winzige Augen und zwei kräftige Nagezähne, die aus seinem Maul ragen. Hübsch erscheinen uns diese Kerlchen daher nicht gerade ...

Für die unterirdisch grabende Lebensweise der Nacktmulle ist ihr Körperbau jedoch bestens geeignet. Die kräftigen Zähne benutzen diese Nagetiere zum Graben ihrer langen Tunnel und Kammern.

Aber nicht nur das Aussehen des Nacktmulls ist wahrlich skurril, sondern seine gesamte Lebensweise steckt voller Besonderheiten. Nacktmulle leben in komplexen Gesellschaften mit oft über 100 Tieren. Man nennt ihre Lebensform „eusozial". Mit diesem Begriff bezeichnen Zoologen, also Tierwissenschaftler, die Lebensweise solcher Arten, die sogenannte Staaten bilden.

Darin nehmen unterschiedliche Tiere verschiedene Aufgaben wahr – sicher kennst Du das beispielsweise von Bienen, Termiten oder Ameisen. Dagegen kennen wir eine solche Arbeitsteilung nur von sehr wenigen Säugetieren.

### Mit dem Nacktmull gegen den Krebs

**Anders als viele kleine Nagetiere, die nicht sehr lange leben, werden Nacktmulle bis zu 30 Jahre alt. Neben anderen Faktoren spielt dabei eine Rolle, dass ihre Zellen besonders gut vor Krebs geschützt sind. Wissenschaftler wollen genau verstehen, wie dieser Schutz funktioniert. Vielleicht können sie so eines Tages auch Menschen vor der Krankheit bewahren oder sie heilen.**

Der Nacktmull ist perfekt an das Leben unter der Erde angepasst

Nacktmulle leben in Kolonien zusammen und ihr Gruppenverhalten erinnert in mancher Hinsicht an Bienen oder Ameisen

Wie bei den erwähnten Insekten gibt es auch bei Nacktmullen eine sogenannte Königin, ein besonders großes Weibchen. Die Königin bekommt etwa alle zehn Wochen durchschnittlich sieben Junge. Bei deren Versorgung helfen die etwas älteren Jungtiere. Später werden sie großteils zu Arbeitern, die die mehrere Kilometer langen unterirdischen Gänge graben.

Besonders große und kräftige Tiere wiederum verteidigen die Kolonie an den Eingängen zum Höhlensystem vor Feinden. Außerdem schaufeln sie die Erde hinaus, die beim Graben der Gänge anfällt.

Eine weitere Besonderheit der Nacktmulle ist, dass sie gegen Schmerzen kaum empfindlich sind. In ihrer Haut fehlt nämlich ein sonst bei allen Säugetieren vorhandenes Molekül, die sogenannte Substanz P. Diese spielt eine große Rolle beim Entstehen von Schmerzen. Da sie bei Nacktmullen nicht vorhanden ist, gehen die Wissenschaftler davon aus, dass diesen Nagetieren Verletzungen kaum weh tun.

Da den skurrilen Kerlchen ein Fell fehlt, das sie warm hält, müssen sie sich auf andere Weise an die niedrigen Temperaturen in den tiefen Gängen anpassen. Säugetiere zählen eigentlich generell zu den gleichwarmen Tieren. Das bedeutet, dass ihre Körpertemperatur praktisch immer gleich ist – so wie auch bei uns Menschen. Obwohl auch Nacktmulle Säugetiere sind, kann ihre Körpertemperatur jedoch stark absinken. So sparen die Nager Energie, die sie sonst aufwenden müssten, um immer eine höhere Körpertemperatur zu erhalten. Außerdem kuscheln sie sich bei Kälte eng aneinander und wärmen sich so gegenseitig.

Nacktmulle sind Pflanzenfresser. Sie ernähren sich von Pflanzenknollen und Wurzeln, die sie unter der Erde finden. Die Tierchen werden nur fünf bis 15 Zentimeter lang und bringen etwa 30 bis 50 Gramm auf die Waage, sind also meist leichter als eine halbe Tafel Schokolade.

## Maul zu!

**Ihr Maul können Nacktmulle hinter den Vorderzähnen verschließen, damit keine Erde hineingelangt – so vermögen sie auch bei geschlossenen Lippen ihre Vorderzähne einzusetzen.**

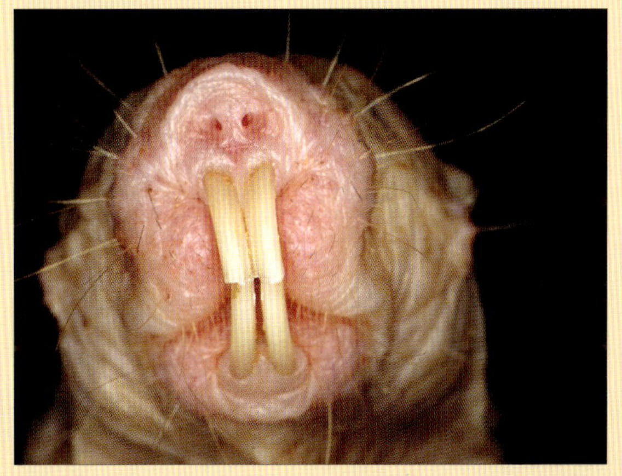

**Die skurrile Nase des Sternmulls ist ein hochsensibles Sinnesorgan!**

## Der Sternmull

Eine der witzigsten Nasen im Tierreich besitzt der Sternmull, der zu den Maulwürfen zählt: 22 rosafarbene Tentakel umgeben sternförmig seine Nasenspitze und dienen ihm zum Tasten. So kann er seine Umgebung untersuchen und schneller als jeder andere Maulwurf geeignete Beute finden: vor allem Regenwürmer, Insekten und deren Jungtiere, die Larven.

Sternmulle leben in Nordamerika. Anders als der Europäische Maulwurf sind sie auch manchmal an der Erdoberfläche unterwegs und können sogar sehr gut schwimmen!

**Dieser Beutelmull hat eine Echse erbeutet**

## Beutelmulle

Wie ihr Name schon sagt, gehören Beutelmulle zu den Beuteltieren. Es gibt zwei Arten, die in sandigen Wüstengebieten Australiens leben.

Da sich Beutelmulle fast nur unter der Erde aufhalten, sind sie blind. Die kleinen Ohrmuscheln und das weiche, seidige Fell, das sich in beide Richtungen streichen lässt, sind eine Anpassung an das unterirdische Leben: Die Tiere können so sowohl vorwärts als auch rückwärts laufen, ohne in den engen Gängen stecken zu bleiben oder sich wehzutun.

Die Gänge der Beutelmulle sind sehr instabil und fallen oft direkt hinter den Tieren wieder zusammen, wenn diese sich durch den lockeren Wüstensand wühlen. Sie fressen vor allem Insektenlarven, manchmal auch erwachsene Insekten und Samen.

## Das Erdferkel

Das afrikanische Erdferkel hält sich zwar oft an der Erdoberfläche auf, ist aber ein begabter Höhlengräber, der sich rasend schnell in die Erde buddeln kann, wenn Feinde im Anmarsch sind. Sein Aussehen ist allerdings seltsam: Die langen Ohren erinnern an einen Esel, die rüsselartige Schnauze an ein Schwein und die starken Krallenhufe sind gefährlich und furchteinflößend.

Die nachtaktiven Erdferkel haben kaum Fell. Ihre Nahrung besteht hauptsächlich aus Ameisen und Termiten. Um ein Loch in die harten Termitenhügel oder Ameisennester zu schlagen, benutzen sie ihre kräftigen Vorderkrallen. Dann steckt das Erdferkel seine lange Schnauze hinein und nimmt mit seiner langen, klebrigen Zunge so viele Insekten auf wie möglich. Die Nasenlöcher kann es verschließen, damit keine Ameisen oder Termiten eindringen können.

Ein Erdferkel hat in seinem Wohngebiet immer mehrere Höhlen. Hier schläft es, zieht seine Jungen groß und sucht Zuflucht bei Gefahr durch Löwen, Leoparden, Schlangen oder andere Räuber. Ist keine Höhle in der Nähe und reicht die Zeit nicht zum schnellen Eingraben, wehren Erdferkel sich mit dem kräftigen Schwanz und ihren Krallen. Manchmal legen sie sich dazu auf den Rücken und strampeln wild mit allen Vieren!

### Und weg waren sie ...

**Landwirte sind unglücklich, wenn Erdferkel unter Feldern und Weiden ihre Höhlen graben. Wenn schwere Tiere oder Landmaschinen auf die instabilen Decken der Gänge treten oder fahren, können diese nämlich einstürzen.**

**Das Erdferkel sieht aus, als sei es aus verschiedenen Tierarten zusammengesetzt**

# Madagaskar: Insel der Sonderlinge

Madagaskar ist die viertgrößte Insel der Welt und beheimatet eine einmalige Pflanzen- und Tierwelt. Vor 90 Millionen Jahren löste die Insel sich von Indien, mit dem es vorher eine gemeinsame Landmasse gebildet hatte. Seitdem konnten sich Tiere und Pflanzen isoliert von anderen Einflüssen entwickeln. Das Ergebnis sind eine wunderschöne und spannende Natur mit vielen interessanten Arten, die nur auf Madagaskar zu finden sind.

**Fast noch skurriler als die erwachsenen Tiere sind die Babys des Fingertiers**

## Das Fingertier

Das nachtaktive Tier hat bestimmt schon so manchem Wanderer einen Schrecken eingejagt. Sein Gesicht mit den orangefarbenen Augen und den übergroßen Ohren sieht aus wie das eines Außerirdischen, das graue Fell ist hart und struppig, die Hände wirken wie Riesenspinnen.

Fingertiere sind etwa so groß wie Hauskatzen und haben einen buschigen Schwanz, der länger ist als ihr gesamter Körper. Das wohl skurrilste Merkmal ist der stark verlängerte und sehr dünne Mittelfinger an beiden Händen. Diesen benutzt das Tier zur Nahrungssuche. Zuerst klopft es Baumstämme damit ab und horcht auf den Klang, um herauszufinden, wo unter der Rinde sich Insektenlarven verstecken. Ist es fündig geworden, nagt es mit den Schneidezähnen ein Loch in das Holz und pult dann mit dem langen Mittelfinger die Beute heraus.

Neben Insektenlarven fressen Fingertiere auch Früchte, Nüsse und Nektar. Tagsüber schlafen sie in Nestern, die sie hoch oben in den Bäumen in Astgabeln bauen. Ihr Lebensraum ist der Regenwald, der auf Madagaskar unter starker Abholzung leidet. Deshalb stehen Fingertiere als gefährdet auf der Roten Liste der bedrohten Arten.

### Nagender Affe?

**Als vor über 200 Jahren Wissenschaftler erstmals das Fingertier beschrieben, glaubten sie, es gehöre zu den Nagetieren, weil es genau wie diese vier ständig nachwachsende Schneidezähne besitzt. Zwischen diesen Nagezähnen und den Backenzähnen befindet sich eine Lücke, denn Eckzähne fehlen.**
**Erst später bemerkten Forscher, dass Fingertiere weit näher mit Lemuren verwandt sind und in diese Gruppe gehören. Genau wie wir Menschen und die Affen sind sie also Primaten, und damit sind diese sonderbaren Wesen relativ nah mit uns verwandt!**

Das Fingertier wird auch Aye-Aye genannt. Möglicherweise leitet sich dies von dem ähnlich klingenden Laut ab, den es bei der Flucht vor Gefahr ausstößt.

Bei Gefahr versucht der Blattschwanzgecko, Feinde durch sein weit aufgerissenes Maul zu erschrecken

## Blattschwanzgeckos

Blattschwanzgeckos werden auch Plattschwanzgeckos genannt – und woher sie diesen Namen haben, erkennst Du sicher leicht. Aber nicht nur der flache, blattähnliche Schwanz macht ihr Aussehen besonders, sondern auch die interessante Färbung: Blattschwanzgeckos sind Meister der Tarnung!

Einige der nachtaktiven Reptilien verbringen die Tage senkrecht an Baumstämmen. Ihre Farbe und Zeichnung imitieren so perfekt die Rinde samt dem Flechtenbewuchs der Bäume, dass sie dort praktisch unsichtbar sind. (Flechten sind Lebensgemeinschaften aus Algen und Pilzen, die häufig die Stämme und Äste von Bäumen bewachsen.) Andere Arten hängen in Büschen und ahmen Blätter nach. Blattschwanzgeckos sind begabte Kletterer, die aufgrund besonderer Haftzehen mit Milliarden kleinster Härchen sogar an Glasscheiben hochklettern können!

### Erfolgreiche Nachzucht

**Es ist nicht einfach, Blattschwanzgeckos als Heimtiere zu halten, aber einige Reptilienliebhaber tun es dennoch sehr erfolgreich. Sie schaffen es sogar, die Tiere zu vermehren und Jungtiere großzuziehen – ein wunderbarer Beitrag zum Artenschutz!**

**In seinem Lebensraum ist der Blattschwanzgecko hervorragend getarnt**

**Weshalb das Pinocchio-Chamäleon seinen Namen erhielt, ist nicht schwer zu erraten ...**

## Das Pinocchio-Chamäleon

Das Pinocchio-Chamäleon wird nur bis zu elf Zentimeter groß, aber mit dieser Nase ist es eine echte Attraktion! Der lange Nasenfortsatz der Männchen schillert in Lila, Pink, Grün oder Blau und ist bei jedem Tier einzigartig ausgeprägt. Weibchen haben einen kürzeren, rot gefärbten Fortsatz.

Ihre Körperfarbe können Pinocchio-Chamäleons je nach Stimmung ändern. Sie reicht von fast Weiß mit blauen Sprenkeln über Grau und Beige zu Dunkelbraun.

Diese Reptilien leben in Bäumen und dichtem Gebüsch. Sie sind leider stark gefährdet.

### Karneval im Tierreich?

**Chamäleons sind berühmt für die Fähigkeit, ihre Farbe zu ändern. In ihrer Haut befinden sich Farbzellen mit Pigmenten, also Farbstoffen, in verschiedenen Farben. Je nachdem, wie diese Pigmente angeordnet und kombiniert werden, ändert sich die Farbe des Tiers. Chamäleons passen sich auf diese Weise an Temperatur und Sonneneinstrahlung an oder teilen Artgenossen Informationen mit. Zum Beispiel sind trächtige Weibchen speziell gefärbt, damit die Männchen wissen, dass sie nicht an einer Paarung interessiert sind. Männchen auf Partnersuche nehmen ebenfalls eine besondere Farbe an, und auch in Gefahren- und Kampfsituationen ändert sich ihr Aussehen.**

Immer hungrig ist der putzige Streifentenrek

## Der Streifentenrek

Dieser skurrile Geselle ist zwar sehr stachelig, aber nicht näher mit unserem heimischen Igel verwandt – wie so viele Tiere Madagaskars sind auch die Arten der Tenreks etwas Einzigartiges. Der Streifentenrek ruht in einem unterirdischen Bau und geht sowohl tagsüber als auch nachts auf die Jagd. Während der Zeit der Fortpflanzung bilden die Tiere regelrechte Kolonien mit weit reichenden Tunnelsystemen.

Diese höchstens knapp 20 Zentimeter langen Tiere müssen extrem viel fressen, um überleben zu können, nämlich jeden Tag etwa eine Menge, die dem eigenen Körpergewicht entspricht – stell Dir mal vor, Du müsstest jeden Tag 20 oder 30 Kilogramm Nahrung verputzen! Vor allem Regenwürmer stehen auf dem Speisezettel, aber auch andere wirbellose Tiere.

Mit ihren Stacheln am hinteren Körperende vermögen Streifentenreks übrigens ein rasselndes Geräusch zu erzeugen, das bei ihrer Verständigung untereinander eine Rolle spielt.

### Echo-Ortung

**Wenn Streifentenreks unterwegs sind, können sie mit ihrer Zunge Klicklaute ausstoßen. Mithilfe des zurückkommenden Echos vermögen sie sich in ihrem unübersichtlichen Lebensraum zu orientieren, ähnlich wie das zum Beispiel Fledermäuse und Delfine tun.**

## Der Giraffenhalskäfer

Wozu so ein kleiner Käfer wohl diesen langen Hals braucht? Giraffenhalskäfer werden etwa zweieinhalb Zentimeter groß, und bei den Männchen nimmt der Hals mehr als die Hälfte der Gesamtlänge ein! Sie benutzen ihn, wenn sie um paarungsbereite Weibchen kämpfen. Diese haben einen etwas kürzeren Hals. Nach der Paarung falten und rollen sie mit seiner Hilfe ein Blatt zusammen, in das sie ein Ei legen. Das Ei ist auf diese Weise geschützt und die schlüpfende Larve kann sich von dem Blatt ernähren. Dieses Verhalten ist typisch für die Käferfamilie der Blattroller, zu der auch der Giraffenhalskäfer gehört.

Mit ihrem langen Hals kämpfen männliche Giraffenhalskäfer um die Weibchen

# Wesen der Tiefsee

Die Tiefsee ist ein ganz besonderer Lebensraum. Hier, 1 000 Meter und mehr unter der Meeresoberfläche, ist es stockdunkel, kalt und es herrscht großer Druck durch das Gewicht der Wassermassen. Daran müssen alle Tiefseelebewesen angepasst sein.

Außerdem ist es recht einsam – weder die Suche nach einem Partner noch nach Beute fällt in den spärlich besiedelten Weiten leicht. Um mit all diesen Unwegsamkeiten umgehen zu können, haben die Bewohner dieses Lebensraums sich die absonderlichsten Erfindungen ausgedacht.

**In etwa so lang wie ein neugeborenes Kind können Riesenasseln werden!**

### Hungerkünstler und Vielfraße

**Riesenasseln sind an unregelmäßige Mahlzeiten angepasst: Sie können mehrere Jahre Hunger überstehen und sich dann bei großem Nahrungsangebot bis zur Bewegungsunfähigkeit satt fressen.**

## Riesenasseln

Kellerasseln kennen wir alle: Du hebst an einer feuchten, schattigen Stelle im Garten einen Stein hoch, und darunter krabbeln sie flink und wendig herum. Aber hättest Du gedacht, dass diese kleinen Krebstiere Verwandte im Meer haben, die bis zu 45 Zentimeter lang und über eineinhalb Kilo schwer werden können, also so schwer wie anderthalb Tüten Milch?

Auf dem Tiefseeboden ernähren sie sich hauptsächlich von herabgesunkenen Kadavern großer Tiere, also von Aas.

## Tiefsee-Anglerfische

Tiefsee-Anglerfische locken ihre Beute mit einer Angel über ihrem Kopf an, an der ein leuchtender Köder hängt. Kommt ihnen ein Beutetier zu nahe, schnappen sie mit ihrem großen, mit Fangzähnen besetzten Maul zu. Es gibt etwa 160 verschiedene Arten, die weltweit vorkommen. Sehr interessant und wirklich skurril ist die Fortpflanzungsstrategie der Tiefsee-Anglerfische: Die Weibchen sind viel größer als die Männchen. Sobald die Männchen geschlechtsreif werden, machen sie sich auf die Suche nach einer Partnerin. Finden sie ein Weibchen, beißen sie sich mit hakenförmigen Zähnen in dessen Haut fest. So können die Tiere dann zusammen laichen. Bei manchen Arten geht die Verbindung der Partner so weit, dass beide Körper miteinander verwachsen und das Männchen ähnlich einem Parasiten durch das Blut des Weibchens miternährt wird. Alleine könnte das Männchen nun gar nicht mehr überleben, denn es baut viele Organe ab und wird unfähig, Beute zu fangen und aufzunehmen. Die Tiere vermag nun nichts mehr zu trennen, und die schwierige Partnersuche in den Weiten der Tiefsee ist erfolgreich abgeschlossen. Auf diese skurrile Weise ist sichergestellt, dass Männchen und Weibchen nun immer zusammen sind und regelmäßig Nachwuchs bekommen können.

**Mit seiner leuchtenden Angel lockt der Tiefsee-Anglerfisch ahnungslose Beutetiere an**

## Dumbo-Tintenfische

Über die bislang 13 beschriebenen Arten der Dumbo-Tintenfische ist nur wenig bekannt, denn sie leben in unzugänglichen Tiefen von 3 000 bis 7 000 Metern. Die größten von ihnen werden 180 Zentimeter lang, also etwa so groß wie ein erwachsener Mensch.

Beim Schwimmen schlagen die Oktopusse mit ihren „Ohren" wie mit Flügeln. In Wirklichkeit sind das natürlich keine Ohren – Näheres dazu erklärt Dir Eulchen Xabi. Gelenkt wird mit den Armen. Die Tiere suchen ihre Nahrung auf dem Meeresboden und erbeuten mithilfe ihrer schnellen Arme vor allem Würmer und Krebstiere.

**Ist er nicht goldig, der Dumbo-Tintenfisch?**

### Elefantenohren

**Der Name Dumbo-Oktopus stammt von dem 1941 erschienenen Zeichentrickfilm „Dumbo, der fliegende Elefant". Dumbo wurde wegen seiner riesigen Ohren ausgelacht, aber in Wirklichkeit konnte er damit fliegen!**
**Dumbo-Oktopusse haben über den Augen abstehende Flossen, die wie Ohren aussehen, was die Namensgeber wohl an den Elefanten aus dem Film erinnert hat. Und gehört ein fliegender Elefant nicht auf jeden Fall in ein Buch über skurrile Tiere?**

Schleimaale sehen ohnehin schon ziemlich schräg aus, ...

## Schleimige Gesellen

Schleimaale sind mit den Neunaugen verwandt, zählen also zu den Rundmäulern, nicht zu den Fischen. Viele Arten leben in großen Meerestiefen. Die meist etwa 30 bis 60 Zentimeter langen Tiere ruhen oft eingegraben im Boden. Ihre Nahrung besteht aus kleinen Meerestieren wie Schnecken und Würmern, aber auch Aas, also toten Tieren. Auch wehrlose Fische greifen sie an, beispielsweise verletzte Exemplare.

Wie ihr Name schon sagt, können Schleimaale große Mengen Schleim absondern. Damit schützen sie sich, wenn sie angegriffen werden.

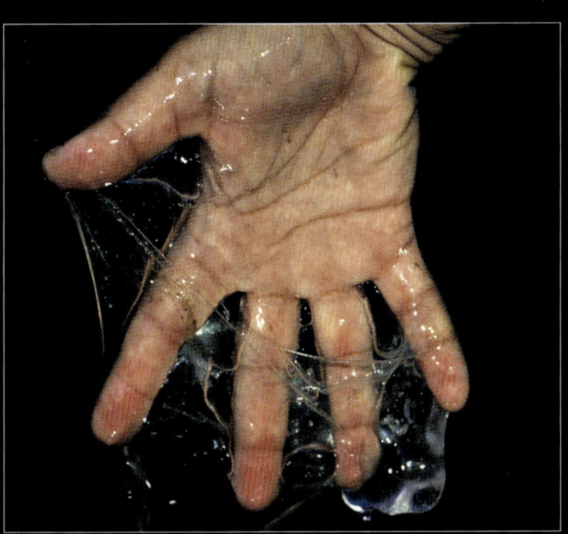

**... aber noch skurriler ist, dass sie sich mit riesigen Mengen eines äußerst zähen Schleims verteidigen können**

# Parasiten zum Gruseln

Sie saugen unser Blut, besiedeln unseren Verdauungstrakt und lauern im Gebüsch und an Gewässern auf Opfer – mehr als die Hälfte aller Lebewesen der Erde sind Parasiten! Parasiten ernähren sich von Lebewesen anderer Arten, ohne sie dabei zu töten. Diese Lebewesen nennt man „Wirte“ des Parasiten. Ihnen stiehlt er je nach Art Blut oder Nahrungsbrei direkt aus dem Darm, er nistet sich in Muskeln ein, befällt die Haut oder versteckt sich in Zellen. Manchmal fügen Parasiten ihrem Wirt großen Schaden zu, aber oft wird ein Befall auch gar nicht bemerkt.

Nur wenn der Wirt überlebt, kann auch der Parasit sich erfolgreich vermehren. Trotzdem ist ein Parasitenbefall manchmal tödlich. Dies ist oft dann der Fall, wenn Parasit und Wirt nicht gut zueinander passen. Wenn zum Beispiel ein Mensch Eier des Schweinebandwurms aufnimmt, kann er daran sterben, während ein Schwein überlebt und so dem Wurm die Fortpflanzung ermöglicht. Manchmal ist es auch die große Zahl von Parasiten, der ihr Wirt nicht gewachsen ist und die ihn tötet.

Übrigens: Parasiten gibt es nicht nur unter den Tieren! Auch manche Pflanzen zapfen die Gefäße anderer Pflanzen an und stehlen Zucker und Nährstoffe. Über einen parasitären Pilz liest Du im Kasten auf Seite 29.

**Einen solchen Spulwurm möchte sicher niemand in seinem Körper haben ...**

## Der Spulwurm

Der Spulwurm ist ein sehr weit verbreiteter Darmparasit des Menschen. Der glatte, gelblich rosafarbene Wurm kann bis zu 40 Zentimeter lang werden. Nimmt ein Mensch die Eier des Wurms mit der Nahrung auf, schlüpfen die wenige Millimeter großen Larven im Dünndarm und wandern von dort durch Leber, Herz und Lunge. Nun folgt ein riskanter Schritt im Lebenszyklus des Parasiten: Aus der Lunge gelangt die Larve nach oben in die Luftröhre und bringt den Wirt dazu, zu husten. Dabei kann sie aus dem Mund geschleudert werden und stirbt dann außerhalb des Körpers. Oder aber sie wird heruntergeschluckt und gelangt so zurück in den Darm. Hier entwickelt sich aus der Larve der erwachsene Wurm.

Spulwurm-Weibchen legen pro Tag bis zu 200 000 Eier. Unglaublich viele, oder? Die Eier gelangen mit dem Kot des Wirts nach draußen. Infizieren kann man sich insbesondere dort, wo die hygienischen Bedingungen schlecht sind und durch nicht gereinigtes Abwasser Kot mit Eiern auf Felder mit Nahrungsmitteln gelangt.

## Bandwürmer

Der Fischbandwurm lebt manchmal im Darm des Menschen. Er kann eine unglaubliche Länge von über 15 Metern erreichen. Kaum vorstellbar, dass der Befall oft gar nicht bemerkt wird! Aber warum heißt das Tier Fischbandwurm, wenn er doch im menschlichen Darm lebt?

Einen Teil ihres Lebens verbringen die Würmer tatsächlich in Fischen. Zuerst aber werden die Larven von winzigen Ruderfußkrebsen aufgenommen, wo sie sich weiterentwickeln. Frisst nun ein Fisch den Krebs, landet die Parasitenlarve im Fisch und wächst dort weiter heran. Verspeist anschließend ein Mensch den Fisch, so gelangt die Larve schließlich in den Darm des Menschen. Hier entwickelt sie sich zum erwachsenen Wurm.

Täglich geben Weibchen eine Vielzahl von Eiern ab. Wenn diese mit dem Kot in einen See gelangen, wo die Larve schlüpft, beginnt der Lebenszyklus von vorn.

Jede der über 3 000 Bandwurmarten hat sich auf eigene Wirte spezialisiert. Katzen, Hunde, Füchse, Nagetiere und andere Wirbeltiere werden von den Parasiten befallen. Dabei nennt man die Tiere, die die Larven beherbergen, Zwischenwirte, und diejenigen, in denen der erwachsene Wurm lebt, Endwirte.

**Der Dickhalsige Bandwurm lebt besonders häufig im Dünndarm von Katzen**

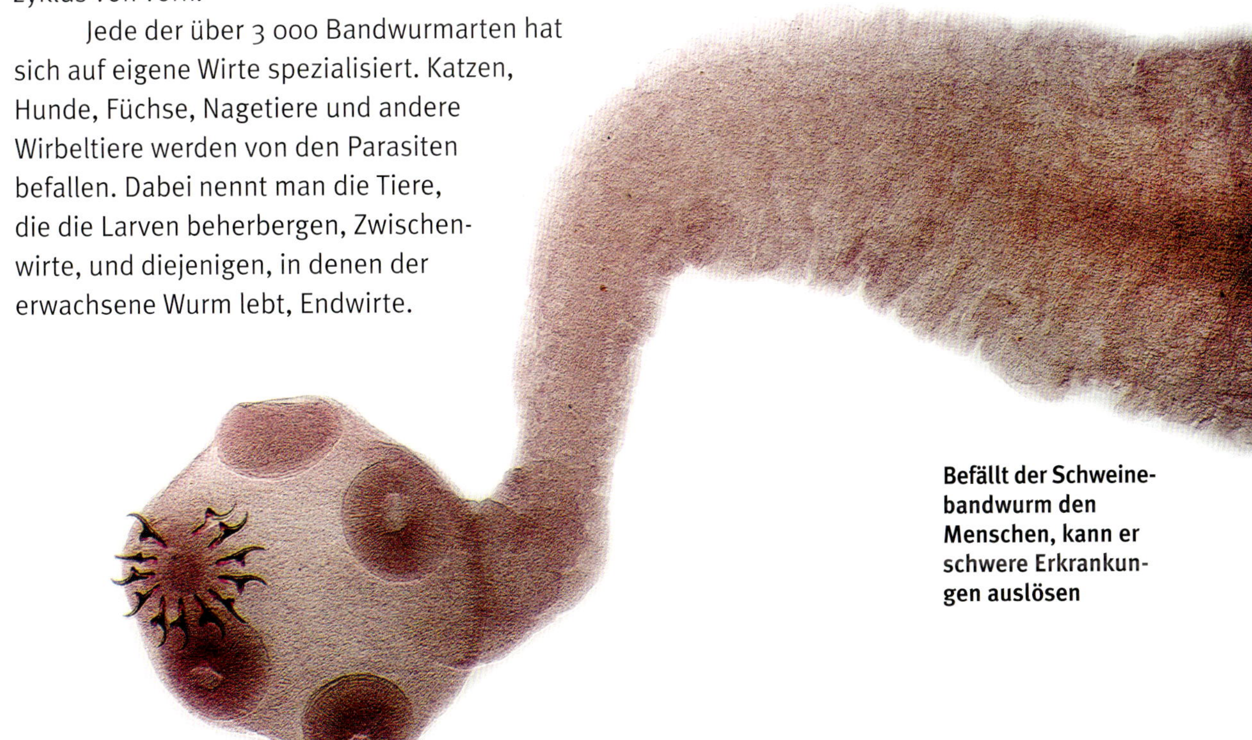

**Befällt der Schweinebandwurm den Menschen, kann er schwere Erkrankungen auslösen**

Kein schöner Anblick:
Diese Zecke hat sich bereits in der Haut festgesetzt. Ihr gesamter Kopf steckt nun in der Haut. Das macht es schwierig, Zecken komplett zu entfernen.

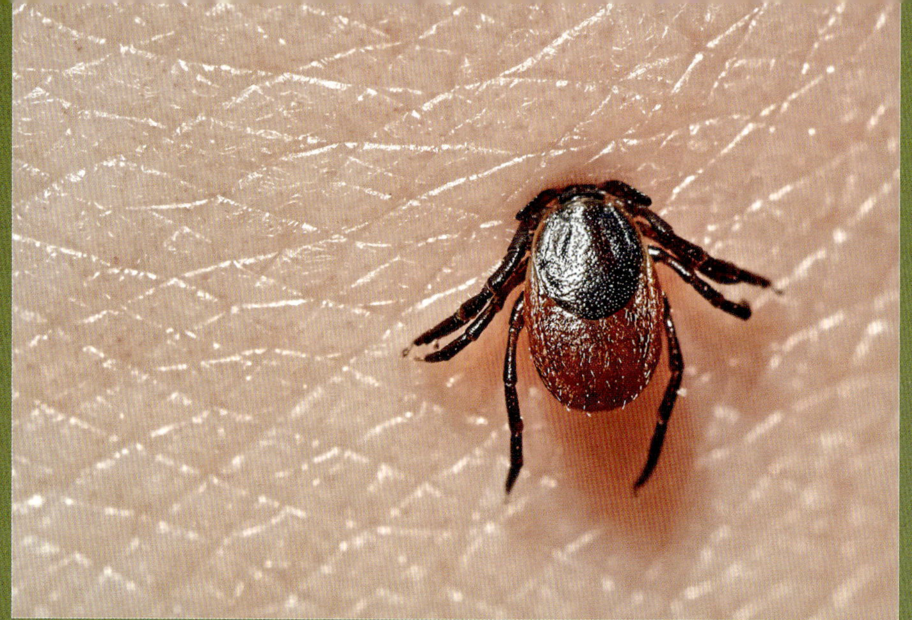

## Gemeiner Holzbock

Der Gemeine Holzbock ist die in Deutschland häufigste Zecke. Die meiste Zeit ihres Lebens verbringen die Tiere mit Warten.
Sie sitzen im Gebüsch und auf Gräsern und lassen sich, wenn ein geeigneter Wirt vorbeikommt, von ihm abstreifen. Ihre speziell geformten Beine helfen ihnen dabei, sich ganz sicher festzuhalten.

Mit ihren Mundwerkzeugen bohren sie sich in die Haut, wo sie einige Tage fest verankert sitzen und sich mit Blut vollsaugen. Dieses brauchen sie, um sich von der Larve zum erwachsenen Tier zu entwickeln und um Eier zu produzieren.

### Gefährliche Zecken

**Genau wie Stiche von Stechmücken ist ein Zeckenbiss nicht an sich gefährlich, aber die Tiere können verschiedene Krankheiten übertragen. Deshalb ist es wichtig, den Körper nach einem Tag im Freien nach Zecken abzusuchen, diese zu entfernen und eine eventuelle Einstichstelle einige Tage zu beobachten. Spätestens bei Anzeichen für eine Erkrankung ist ein Arztbesuch angezeigt.**

Auf Gräsern und im Gebüsch lauern Zecken auf ihre Opfer

Der Hinterleib einer vollgesogenen, satten Zecke kann enorm anschwellen

## Arzt unter Artenschutz

Einen blutsaugenden Egel will doch eigentlich niemand freiwillig an seinem Körper haben, oder? Der im Süßwasser lebende Medizinische Blutegel sieht tatsächlich wenig appetitlich aus, aber er wird seit langer Zeit von Ärzten zur Behandlung verschiedener Beschwerden verwendet. Zum einen enthält der Speichel dieses Parasiten Stoffe, die entzündungshemmend, wundreinigend und schmerzlindernd wirken. Zum anderen kann es in manchen Fällen sinnvoll sein, an bestimmten Stellen des Körpers Blut abzulassen. Dies kann mithilfe von Blutegeln geschehen, die man auf den gewünschten Körperteil setzt, wo sie sich vollsaugen.

Da die Tiere lange in der Medizin so gefragt waren und aus ihrem Lebensraum gesammelt wurden, gibt es heute nur noch wenige von ihnen, und die Art steht unter Schutz.

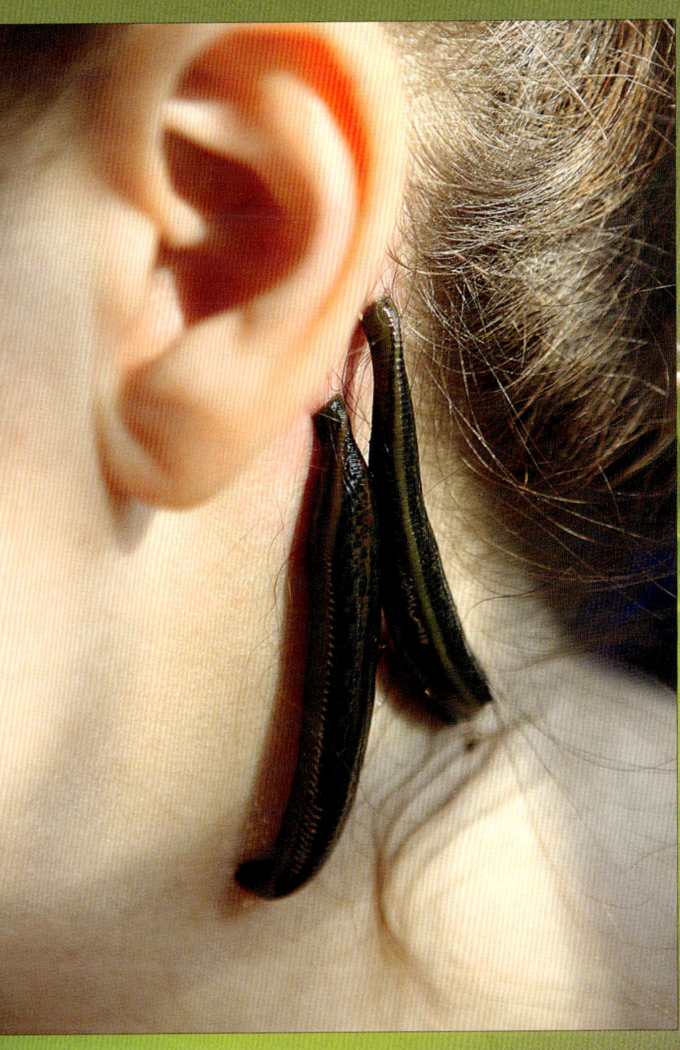

**Früher häufiger als heute wurden Medizinische Blutegel dazu verwendet, beim Menschen Blut abzulassen**

### Ein tödlicher Pilz

***Ophiocordyceps*** **ist ein skurriler Name für einen skurrilen Pilz. Er kommt in den Tropen vor und befällt Ameisen. Die Pilzfäden dringen in den Körper des Wirtstiers ein und nehmen nun Einfluss auf das Verhalten der Ameise. Diese sucht jetzt nach einem Ort, der eine für den Pilz ideale Temperatur und Luftfeuchtigkeit bietet. Hier beißt sich das Insekt an der Unterseite eines Blattes fest und stirbt. Der Pilz, an einem für ihn geeigneten Ort angekommen und festgeklammert, wächst aus dem Kopf der Ameise und lässt seine Sporen auf den Boden fallen. Dort können sich dann vorbeilaufende Ameisen ihrerseits infizieren.**

**Wandelndes Blatt heißt diese Gespenstschrecke nicht umsonst**

**Am Boden lebende Schlangen wie dieser Kupferkopf ähneln in ihrer Musterung oft Falllaub**

# Unglaubliche Tarnung

Wer überleben will, darf sich nicht fressen lassen und lässt sich auch am besten nicht bemerken, wenn er selbst auf der Lauer liegt, um Beute zu machen. Für viele Tiere ist es daher überlebenswichtig, gut getarnt zu sein, nur ja nicht aufzufallen. Der Fachausdruck dafür ist Mimese. Das bedeutet: Tiere haben sich im Lauf der Evolution, also der Entwicklung über extrem lange Zeiträume, in ihrem Aussehen und oft sogar in ihren Bewegungen sehr stark der Umgebung angepasst, in der sie leben.

**Die beiden mit dem Kopf nach unten schwimmenden Schmuck-Geisterpfeifenfische sind von dem Haarstern links kaum zu unterscheiden und daher fantastisch getarnt. Haarsterne sind mit Seeigeln und Seesternen verwandt.**

Ein Frosch, der an Felsen lebt, die von Flechten und Moos überwachsen sind, sieht dann selbst aus wie ein Klumpen Moos. Ein Insekt oder ein Chamäleon, die auf Büschen unterwegs sind, schaukeln bei ihrer Fortbewegung wie im Wind bewegte Blätter. Der Anglerfisch im Korallenriff ähnelt täuschend einem Schwamm, und der giftige Skorpionsfisch daneben sieht exakt so aus wie ein Stück Felsen, das von bunten Algen bewachsen ist. Schlangen, die am Boden leben, sind oft wie braunes Falllaub gefärbt und gemustert. Schlangen dagegen, die auf Bäumen zu Hause sind, tragen grüne Farbtöne. Viele Insekten täuschen in ihrer Körperform und ihrer Musterung vor, ein lebendes oder ein totes Blatt zu sein. Wirbellose Tiere wie Spinnen und Insekten, die ihr Leben auf Baumrinde verbringen, sind von ihrem Untergrund kaum zu unterscheiden.

**Stabschrecken und auch viele Heuschrecken wie diese Pferdekopfheuschrecke ahmen dürre Ästchen nach**

**In ihrem steinigen Lebensraum ist diese Krötenechse hervorragend getarnt**

Schon sehr genau musst Du hinschauen, um diesen giftigen Skorpionsfisch zu entdecken

Die schlaue Eule Xabi und ich könnten diese Liste nun noch endlos fortführen, denn in jedem Lebensraum gibt es Tiere, die sich in Form und Farbe perfekt angepasst haben. Für einen Feind oder eine Beute ist es darum überaus schwierig, sie zu entdecken. Auch wir Menschen haben Schwierigkeiten, solche Tiere in der Natur zu sehen. Oft gelingt uns das nur, wenn wir wirklich ganz genau hinschauen. Oder wenn sich das betreffende Tier dadurch verrät, dass es sich gerade bewegt. Aber ganz gewiss sind wir schon oft an solchen Tieren ganz nah vorbeigelaufen, ohne sie überhaupt zu bemerken. Versuche einmal selbst Dein Glück bei den Bildern in diesem Kapitel! Findest Du alle Tiere?

Welcher Feind wird schon bemerken, dass die Kupferglucke kein welkes Laubblatt ist, sondern ein Schmetterling?

## Genau hinschauen!

Weil viele Tiere so unglaublich gut getarnt sind, wurden viele von ihnen erst vor kurzer Zeit entdeckt. Und bestimmt gibt es unzählige Arten, die der Mensch noch überhaupt nicht gefunden hat. Schau also genau hin, vielleicht entdeckst Du ja mal eine neue, zuvor noch unbekannte Art!

Hast Du sofort bemerkt, dass hier eine Raupe zu sehen ist? Sie tut so, als sei sie ein Ästchen mit einer Knospe.

Diese tropische Heuschreckenart ahmt ein Laubblatt nach

**Urtümlich sehen die skurrilen Schuppentiere aus**

# Schuppige Gesellen

Mit Schuppen schützen Tiere sich vor Einflüssen der Umwelt und vor Räubern. In unseren Augen können sie dabei ganz schön skurril aussehen, aber ihnen selbst macht das natürlich nichts aus ...

## Schuppentiere

Schuppentiere leben in Afrika und Asien. Einige Arten sind geschickte Kletterer, die an ihrem Schwanz kopfüber im Geäst hängen können. Bis auf den Bauch und die Innenseite der Beine sind Schuppentiere auf der gesamten Oberfläche des Körpers mit großen Hornschuppen besetzt, die lebenslang weiterwachsen, genau wie Deine Fingernägel.

Ihre Nahrung besteht hauptsächlich aus Termiten und Ameisen, die sie mit ihrer langen, klebrigen Zunge aufnehmen. Schuppentiere sind stark gefährdet, denn sie werden aus

**Bei Gefahr rollen sich Schuppentiere ein und schützen sich durch ihre Panzerung**

verschiedenen Gründen gejagt: Ihr Fleisch gilt als Delikatesse, die Schuppen werden als Medizin verwendet und verschiedene Körperteile gelten als Glücksbringer. Außerdem wird auch ihr Lebensraum immer mehr zerstört.

### Tierische Tannenzapfen

**Ihr Schuppenpanzer schützt Schuppentiere vor Fressfeinden. Wenn sie es nicht mehr schaffen, in ihre Höhle zu fliehen, rollen sie sich zusammen und richten die Schuppen auf, sodass die scharfen Kanten abstehen. Die Tiere sehen dann aus wie Tannenzapfen.**

**Im Gegensatz zu den afrikanischen oder asiatischen Schuppentieren leben Gürteltiere nur in Amerika**

## Gürteltiere

Alle 20 Arten der Gürteltiere leben in Amerika. Als einzige Säugetiere haben sie einen knöchernen Panzer. Dieser besteht aus einem Kopfschild, einem Schulterschild, dann folgen bewegliche Panzerbänder, und hinten sind noch ein Beckenschild sowie bei den meisten Arten ein Schwanzpanzer vorhanden. Gepanzert sind die Schilde mit Plättchen aus Horn und Knochen.

Kugelgürteltiere können sich zu einer geschlossenen Kugel zusammenrollen, die von Fressfeinden nur schwer aufgebrochen werden kann. Die anderen Arten pressen sich fest auf den Boden, damit die ungepanzerten Körperteile geschützt sind. Ihr Panzer schützt die sympathischen Tiere zudem vor dem dornigen Gestrüpp in ihrem Lebensraum und macht Parasiten das Leben schwer.

Alle Gürteltiere fressen Insekten, einige Arten ergänzen ihren Speiseplan durch kleine Wirbeltiere oder Pflanzen.

Übrigens: Gürteltiere und Schuppentiere kommen ohne harten Panzer auf die Welt – er ist bei Neugeborenen noch ledrig weich.

**Auf diese Weise schützt sich ein Kugelgürteltier vor einem Angriff**

Mit spitzen Schuppen schützt sich dieser Gürtelschweif

## Der Panzergürtelschweif

Ein Reptil mit Schuppen ist nichts Besonderes, schließlich sind alle Reptilien beschuppt. Aber der Panzergürtelschweif hat eine hochinteressante Verteidigungsstrategie, wenn er angegriffen wird: Er steckt seinen Schwanz ins Maul und bildet so einen vollständig gepanzerten Ring.

Diese Echsen leben in Südafrika und ernähren sich von Gliederfüßern wie Insekten, Tausendfüßern und Spinnentieren.

Rollt ein Panzergürtelschweif sich so zusammen, bildet er eine schwer angreifbare Dornenfestung

## Der Dornteufel

Trotz seines furchteinflößenden Namens ist der australische Dornteufel ein ruhiges und friedliches Tier. Wird er angegriffen, erstarrt er sofort und verharrt still an Ort und Stelle. Die Tiere sind gut getarnt, denn ihre Farbe variiert je nachdem, wo sie leben. An Orten mit rotem Sand ist ihr Körper orangerot, in Gebieten mit grauem Sand sind sie graubraun gefärbt.

Der Körper des Dornteufels ist komplett mit Stacheln bedeckt. Er lebt in sehr trockenen Gebieten und hat eine praktische Methode entwickelt, um an Trinkwasser zu kommen: Aus Tau, Nebel und seltenen Regenfällen fließen kleine Wassertropfen seinen Körper entlang zu seinem Maul. Dornteufel fressen Ameisen, wozu sie sich neben eine Ameisenstraße stellen und die Insekten mit der Zunge fangen.

**Der Dornteufel, dem Du hier genau ins Gesicht blickst, ist eine harmlose Echse. Nur für Ameisen ist sie gefährlich ...**

**Seine Stacheln schützen den Dornteufel vor Angreifern**

# Kuriose Tiere aus aller Welt

Die Welt ist voller Wunder. Auf den folgenden Seiten stelle ich Dir einige der sonderbarsten Tiere vor. Manche bringen Dich sicher sofort zum Staunen, anderen sieht man auf den ersten Blick gar nicht an, was für besondere Eigenschaften sie haben.

## Kleine Überlebenskünstler

Die weltweit vorkommenden Bärtierchen sind so klein, dass die meisten Menschen gar nicht wissen, dass es sie gibt. Dabei sind Bärtierchen gar nicht selten und haben die tollsten Fähigkeiten!

Wie viele verschiedene Arten der etwa einen Millimeter kleinen Tiere es gibt, weiß niemand genau, über 1 000 sind jedoch bereits bekannt. Bärtierchen leben im Meer, im Süßwasser oder an Land, aber auch die Landbewohner brauchen immer einen dünnen Wasserfilm, um aktiv sein zu können. Deshalb bewohnen sie häufig Moose, denn dort ist es immer schön feucht. Und sollte es doch einmal zu trocken werden, macht das den Bärtierchen auch nichts aus. Denn nicht nur Trockenheit, auch tiefste Temperaturen, hohe Salzkonzentrationen, Sauerstoffmangel und sogar Vakuum überstehen die Überlebenskünstler problemlos. Jahrelang überdauern sie solche widrigen Bedingungen als sogenannte Tönnchen, unbeweglich, ohne Nahrung und Atmung. Sobald wieder Wasser vorhanden ist, erwachen die Tiere erneut zum Leben.

### Mini-Bärchen

**Ihren Namen haben Bärtierchen aufgrund ihrer Fortbewegungsweise erhalten: Wie sie mit ihren acht Stummelbeinen vorwärtstapsen, erinnerte die Beobachter an Bären.**

**Diese lebensechte Illustration zeigt Dir, wie die winzigen, merkwürdigen Bärtierchen aussehen**

Wer durchsichtig ist, wird nicht so leicht entdeckt

Das gilt auch im Wasser, etwa für diese Garnele

## Filigrane Glasgeschöpfe

Wer nicht gesehen werden will, passt sich an seine Umgebung an – oder macht sich am besten gleich durchsichtig! Diesen Trick haben verschiedenste Tiere drauf und schützen sich so vor Fressfeinden.

**Beim Indischen Glaswels kannst Du sogar das Knochengerüst sehen!**

## Hässliche Höhlenbewohner?

Wer dauerhaft in dunklen Höhlen wohnt, braucht sich um sein Aussehen keine Gedanken zu machen, und auch die Sehfähigkeit ist nur unnötiger Schnickschnack. Viele Höhlenbewohner sind deshalb farblos und fast oder sogar völlig blind. Und skurril sind sie allemal!

**Höhlenfische brauchen im Dauerdunkel keine Augen. Sie orientieren sich mithilfe anderer Sinnesorgane**

Leuchtend rote Lippen und stelzenartige Flossen: Skurriler als die Seefledermaus geht's kaum

## Eitle Wasserwesen?

Ein Fisch mit Lippenstift und eine Schildkröte beim Friseur? Die Wasserwelt steckt voller Überraschungen und unerwarteter Schönheiten! Seefledermäuse sind mit den Anglerfischen verwandt. Wie diese besitzen sie einen Fortsatz am Kopf, mit dem sie Beute direkt vor ihr Maul locken. Die Darwin-Seefledermaus lebt im Pazifik rund um die Galapagos-Inseln. Nicht nur die knallroten Lippen geben ihr ein skurriles Aussehen, sondern auch die stelzenartigen Flossen, mit denen sie über den Meeresboden torkelt.

Nacktkiemer sind Meeresschnecken, die kein Gehäuse haben. Ihre wunderschönen Farben sowie die tentakel- und federartigen Körperanhänge dienen der Tarnung und Warnung. Einige Arten sehen aus wie Meerespflanzen, andere machen durch die auffällige Färbung unmissverständlich klar, dass sie ungenießbar oder gar giftig sind. Wunderschön anzusehen sind sie sie aber allesamt!

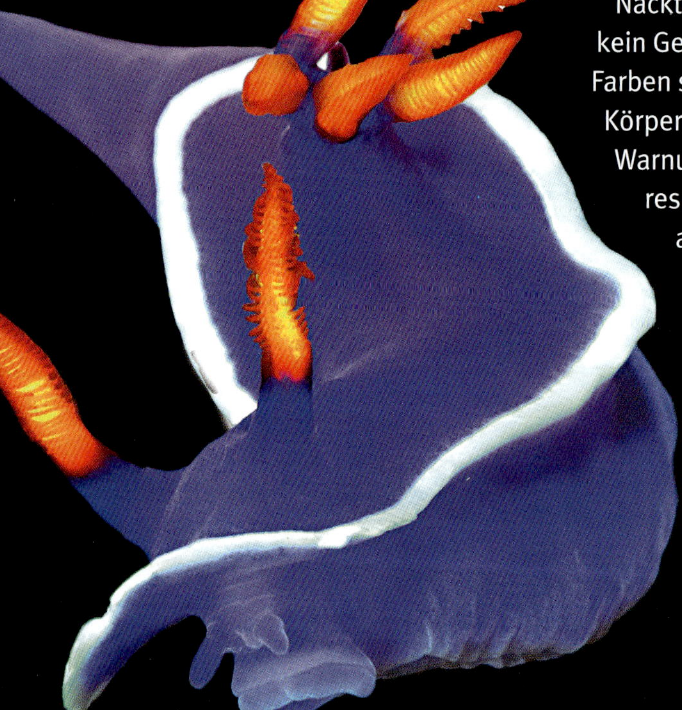

Nacktkiemerschnecken sind oft skurril, aber wundervoll gefärbt!

Axolotl scheinen immer freundlich zu lächeln ...

## Das mexikanische Wassermonster: der Axolotl

Nein, gefährlich ist er nicht, der Axolotl, auch wenn sein Name, der aus der Sprache der Azteken Mexikos stammt, in etwa „Wassermonster“ bedeutet. Aber etwas ganz Besonderes ist das bis zu 30 Zentimeter große Amphib doch. Wie Du es von Fröschen kennst, die als Kaulquappen aus den Eiern schlüpfen, machen alle Amphibien eine Verwandlung durch, die sogenannte Metamorphose. Aus den Larven, die Kiemen haben und meist im Wasser leben, werden landlebende Tiere mit Lungen. Nur diese können sich fortpflanzen und Eier ablegen, aus denen dann wieder Larven schlüpfen.

Der Axolotl dagegen ist sozusagen das „ewige Kind“ unter den Amphibien: Er bleibt immer eine Larve und pflanzt sich auch als solche fort. Als Dauerlarve behält er sein Leben lang seine Kiemen und lebt auf dem Grund von Süßwasserseen.

Eine weitere Besonderheit: Verlieren Axolotl durch eine Verletzung ein Körperteil, können sie dieses nachbilden. Das macht die Tiere für die medizinische Forschung sehr interessant. Stell dir vor, Arme, Beine und sogar Teile des Gehirns könnten beim Menschen einfach nachwachsen!

Eine Vampirfledermaus ist auf einem Rind gelandet, hat die Haut mit ihren Zähnen geöffnet und leckt das ausfließende Blut

## Gemeine Blutsauger?

Vampirgeschichten erzählen von nachtaktiven Ungeheuern, die sich vom Blut unschuldiger Opfer ernähren. Aber das ist alles nur Fantasie – oder?

Tatsächlich gibt es in Amerika drei Fledermausarten, die genau dies tun: Sie fressen nichts anderes als das Blut von Säugetieren und Vögeln. Nachts machen sie sich auf die Suche nach einem geeigneten Wirt. Vorsichtig lassen sie sich auf Pferden, Rindern, Schweinen, Hühnern oder auch Menschen nieder und beißen mit ihren scharfen Zähnen eine Wunde in die Haut. Meist merkt das gebissene Tier davon gar nichts, denn der Speichel der Fledermäuse betäubt den Schmerz des Bisses. Nun leckt und saugt der „Vampir" das Blut auf. Damit schadet er dem Wirt nicht, denn die Blutmenge ist sehr gering. Allerdings können die Fledermäuse gefährliche Krankheiten übertragen. Dies macht sie zu unbeliebten und gefürchteten Gästen.

Hier siehst Du die rasiermesserscharfen Beißwerkzeuge der Vampirfledermaus

Vampirfledermäuse sind sehr soziale Tiere, die in großen Gruppen zusammenleben und sich um ihre Artgenossen kümmern. Findet ein Tier längere Zeit keine Nahrung, geben ihm erfolgreichere Mitglieder Blut ab, indem sie einen Teil ihrer Mahlzeit wieder aus dem Magen hervorwürgen. Auch die Fledermausjungen werden gut versorgt. Bleibt die Mutter zu lange weg und hat das Kleine Hunger, helfen andere Weibchen aus und lassen es an den Zitzen Milch trinken.

Hirscheber werden auch Barbirusas genannt. Du kannst sie in vielen Zoos beobachten.

## Zähne zum Fürchten

Unser Hausschwein hat viele wilde Verwandte, von denen zwei ganz besonders aussehende Zähne besitzen.

Die oberen Eckzähne des männlichen Hirschebers wachsen geradewegs durch die Haut des Rüssels nach oben und im Bogen wieder zurück, manchmal dringen die Spitzen sogar wieder in die Haut ein. Merkwürdig ist, dass sich die durchbohrte Haut dabei nicht entzündet – auch das interessiert natürlich wieder Wissenschaftler. Zusammen mit den unteren Eckzähnen hat das Tier somit vier lange Zähne vor dem Gesicht.

Nicht ganz so groß werden die Zähne des Warzenschweins, aber in Kombination mit dem riesigen Kopf und den vier „Warzen" bekommt das Tier ein durchaus seltsames Aussehen!

Das Warzenschwein (links) besitzt eindrucksvolle Eckzähne. Skurriles Aussehen verbindet das Kunekune-Hausschwein (unten) mit einem ulkigen Gebiss.

# Fabelhafte „Mischwesen“

Säugetierjunge trinken Milch an den Zitzen der Mutter, Reptilien legen Eier, und Fische haben keine Lunge – ist das wirklich immer so? Tatsächlich gibt es einige Tiere, die wie Mischwesen aus verschiedenen Tiergruppen anmuten. Sie vereinen Merkmale von Fischen und Amphibien oder von Reptilien und Säugetieren.

**Schnabeltiere sind so skurril, dass Wissenschaftler zuerst dachten, so ein Tier könne es in Wirklichkeit gar nicht geben!**

## Schnabeltier und Ameisenigel

Schnabeltiere und Ameisenigel bilden die Gruppe der Kloakentiere, die zu den Säugetieren gehören, aber Merkmale von Säugetieren und Reptilien vereinen. Wie Reptilien legen sie Eier, aber wie Säugetiere trinken ihre Jungen Milch bei der Mutter. Ihre Augen sind aufgebaut wie die von Reptilien, aber wie Säugetiere haben die Kloakentiere Fell und halten ihre Körpertemperatur immer gleich warm. Kein Wunder, dass die Wissenschaftler in Europa nach der Entdeckung des Schnabeltieres ihren Augen nicht zu trauen wagten und dachten, es handle sich bei dem ihnen zugeschickten Fell um einen Betrug. Ein Tier mit Fell und Schnabel – da mussten die Zoologen erst mal genau hinschauen, ob der Schnabel nicht vielleicht nur von einem Witzbold angenäht worden war!

Schnabeltiere leben in Australien. Sie sind an das Leben im Wasser angepasst: Ihre Vorder- und Hinterfüße haben Schwimmhäute und ihr kurzer, dicker Schwanz erinnert an den eines Bibers. Beim Tauchen können sie eine Hautfalte über Augen und Ohren wasserdicht verschließen.

Mit seinem entenähnlichen Schnabel sucht das Schnabeltier im Wasser nach Krebsen, Weichtieren und Insektenlarven. Die Haut, die den knöchernen Schnabel bedeckt, ist sehr empfindlich, und das Tier kann damit Nahrung ertasten.

Ameisenigel sind nicht mit unserem heimischen Igel verwandt, sondern zählen wie das Schnabeltier zu den Kloakentieren

Das Weibchen legt zwei bis drei kleine Eier, aus denen die Jungen schlüpfen. Nun trinken sie Milch bei der Mutter. Sie hat allerdings keine richtigen Zitzen, sondern sogenannte Milchdrüsenflecken, die im dichten Fell versteckt sind. Die Jungen lecken die Milch dort aus dem Fell der Mutter.

Von den Ameisenigeln gibt es vier Arten, die in Australien und Neuguinea leben – mit Igeln sind sie allerdings nicht verwandt. Die spitzen Stacheln in ihrem Fell schützen sie gegen Fressfeinde. Mit ihrem langen, dünnen Schnabel und der schnellen, klebrigen Zunge erbeuten sie Ameisen, Termiten und andere wirbellose Tiere.

Die Eier brütet das Weibchen in einem Brutbeutel am Bauch aus. Nach dem Schlüpfen sucht das Junge die Milchdrüsen und klammert sich mit seinen kräftigen Vorderbeinchen dort fest. Wie ein Schnabeltierjunges leckt es die Milch aus dem Fell der Mutter. Den Beutel muss es verlassen, sobald es Stacheln bekommt.

Mit den kräftigen Krallen können Ameisenigel die Baue von Ameisen aufbrechen, ihrer Lieblingsbeute

Lange Zeit waren Quastenflosser nur als Fossilien bekannt

## Quastenflosser

Quastenflosser sind Fische, die sehr nah mit den ersten vor Urzeiten an Land lebenden Wirbeltieren verwandt sind. Man kannte die Tiere mit den kräftigen Brust- und Bauchflossen schon lange Zeit als Fossilien, also als Versteinerungen. Jedoch waren keine lebenden Tiere bekannt – die Wissenschaftler dachten daher, Quastenflosser seien schon vor vielen Millionen Jahren ausgestorben. Erst als die Leiterin eines südafrikanischen Museums im letzten Jahrhundert in einer Ladung frisch gefangener Fische ein Exemplar entdeckte, war klar, dass noch immer Quastenflosser leben.

### Da waren es nur noch zwei

**Heute gibt es nur noch zwei Arten von Quastenflossern, während man die Fossilien von über 60 verschiedenen Arten kennt. Manche davon benutzten ihre fleischigen Flossen wahrscheinlich dazu, sich am Meeresboden fortzubewegen – ein erster Schritt in Richtung Laufen an Land.**
**Wissenschaftler gehen davon aus, dass die ausgestorbenen Quastenflosserarten sogar eine Lunge hatten, sodass sie Luft atmen und im Schlamm überleben konnten.**

Erst 1938 wurden lebende Quastenflosser entdeckt

**Wenn ihr Lebensraum austrocknet, ruhen Südamerikanische und Afrikanische Lungenfische in einer Art Kokon aus Schlamm und Schleim, bis wieder Regen fällt**

**Lungenfische können Luft von oberhalb der Wasseroberfläche atmen. Die meisten anderen Fische dagegen beziehen ihren Sauerstoff über die Kiemen aus dem Wasser.**

## Lungenfische

Lungenfische sind eng mit den Quastenflossern und den Landwirbeltieren verwandt. Sie besitzen sowohl Kiemen als auch eine Lunge und können somit im Wasser und an Land atmen. Nach ihrer Entdeckung dachten die Wissenschaftler, dass es sich bei den Tieren um Reptilien handeln müsste, denn sie konnten sich einen Fisch mit Lunge nicht vorstellen.

Afrikanische Lungenfische können mehrere Monate Trockenheit überleben, indem sie sich in einer Höhle aus Schlamm und Schleim vergraben. Durch ein kleines Loch atmen sie und warten vertrocknet und verschrumpelt darauf, dass die Regenzeit beginnt.

**Lungenfische können über 80 Jahre alt werden!**

Pandaameisen leben auf dem amerikanischen Kontinent. Trotz ihres Namens sind sie keine Ameisen, sondern gehören zu den Wespen. An den Großen Pandabären erinnert ihre schwarzweiße Färbung. Die Weibchen der Pandaameise besitzen einen Giftstachel, dessen Stich sehr schmerzhaft ist.

**Aus dem Reich der Fantasie**

**Wolpertinger sind bayrische Fabelwesen, die aus Teilen verschiedener Tierarten bestehen. Im 19. Jahrhundert stopften Präparatoren Tiere aus und kombinierten dabei mehrere Arten miteinander. Noch heute kann man solche kleinen Kunstwerke in manchen Museen bestaunen.**

# Bizarre Krabbler

Insekten und Spinnen zählen zur riesigen Gruppe der Gliederfüßer. Du kannst sie leicht voneinander unterscheiden, denn Insekten haben immer sechs Beine, Spinnen dagegen acht. Die Insekten halten den Rekord der artenreichsten Tiergruppe, mit fast einer Million bekannter Arten. Dazu kommen unzählige Arten, die noch nicht entdeckt und wissenschaftlich beschrieben sind. Insekten kommen weltweit vor und spielen eine enorm wichtige Rolle für die Umwelt.

**Wer ähnlich lebt, sieht auch ähnlich aus, denn die Anpassungen an die Umwelt sind dieselben. Maulwurfsgrillen graben Gänge unter der Erde und fressen dort Larven und Wurzeln. Wie der Maulwurf besitzen auch sie große Vorderfüße, die als Schaufeln zum Graben dienen.**

**Einige Arbeiterinnen der Honigtopfameisen können so viel Nahrung im Hinterleib speichern, dass dieser aussieht wie ein kleiner Ballon. Bei Futterknappheit geben sie ihren Kolleginnen Nahrungstropfen ab. Von australischen Ureinwohnern werden die Ameisen gerne verspeist, weil sie durch das gespeicherte Futter süß schmecken.**

Auch wenn Mücken, Wespen, Läuse und Küchenschaben nicht besonders beliebt sind – ohne Insekten wäre das Leben auf der Erde in Gefahr: Sie bestäuben Pflanzen und sichern damit deren Fortpflanzung und unsere Ernährung, außerdem sind sie für viele Tiere selbst eine wichtige Nahrungsquelle. So vielfältig wie ihre Lebensweisen ist auch das Aussehen von Insekten. Die perfekte Anpassung und Tarnung lassen so manchen Vertreter wahrhaft skurril aussehen!

**Stielaugenfliegen kommen hauptsächlich in tropischen Gebieten vor. Die weit auseinander liegenden Augen sind gut geeignet zur räumlichen Wahrnehmung der Umgebung und verbessern so die Orientierung.**

**Die afrikanische Teufelsblume wird über zehn Zentimeter groß. Gut getarnt durch ihr pflanzenartiges Aussehen lauert diese Gottesanbeterin anderen Insekten auf, die sie mit ihren Fangbeinen packt. Besonders eindrucksvoll ist ihre Drohstellung.**

Der Name passt: Wie Pfauenhähne sind auch die Männchen der Pfauenspinnen bunt gefärbt. Bei der Balz, wenn also ein Männchen ein Weibchen zur Paarung sucht, tanzt es und stellt den farbig leuchtenden Hinterleib senkrecht in die Höhe.

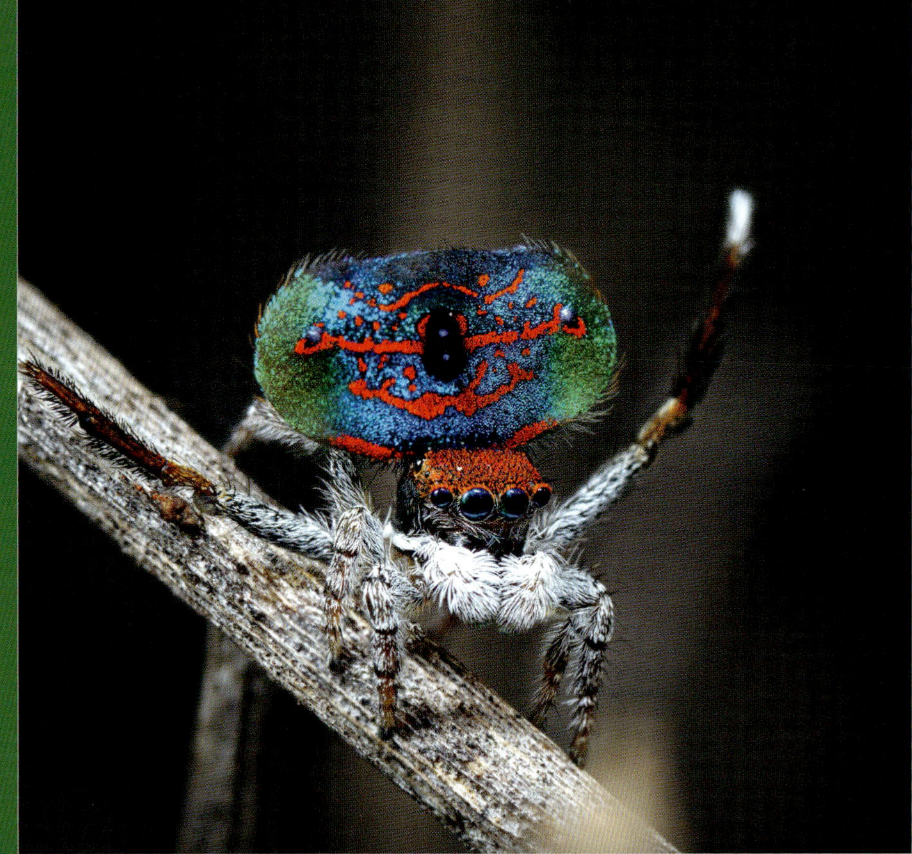

Von den aktuell bekannten fast 50 000 Spinnenarten und ihren Verwandten sind viele ebenfalls extrem skurril. Einige sind hervorragende Tarnkünstler, andere knallbunt gefärbt. Manche Springspinnen winken mit ihren Vorderbeinen, präsentieren ihren farbenfrohen Hinterleib und führen so regelrechte Tänze auf. Damit verständigen sie sich untereinander.

Etliche tropische Radnetzspinnen tragen lange Stacheln und Dornen. Damit schützen sie sich wahrscheinlich vor Feinden.

**Tagsüber tarnt sich die *Poltys*-Spinne als Knospe, nachts baut sie dann ein Radnetz, um damit Fluginsekten zu erbeuten**

**Die Zangenartige Dornspinne lebt in Asien. Durch die zwei langen Stacheln wirkt sie größer als sie ist und schreckt damit Fressfeinde ab.**

Stachelspinnen haben nicht nur leuchtende Farben, sondern auch die sonderbarsten Formen. Sie gehören zu den Radnetzspinnen.

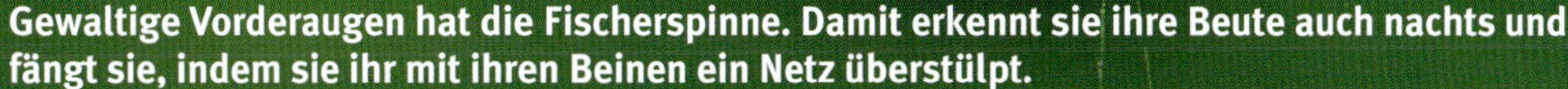

Gewaltige Vorderaugen hat die Fischerspinne. Damit erkennt sie ihre Beute auch nachts und fängt sie, indem sie ihr mit ihren Beinen ein Netz überstülpt.

# Sonderbare Federtiere

Vogelliebhaber schätzen ihre bunte Schönheit und den kunstvollen Gesang. Aber manche Vögel scheinen es mit dem Körperschmuck fast schon zu übertreiben! Andere wiederum wirken auf uns geradezu hässlich, zeigen aber beeindruckende Flugkünste.

Die ersten Europäer, die Paradiesvögel sahen, konnten kaum glauben, dass Vögel ein so wunderschönes Federkleid haben können. Die Tiere mussten aus dem Paradies stammen – daher kommt ihr Name. Besonders toll ist es, die vielen verschiedenen Arten während der Balz zu beobachten, wenn sie tanzend ihre Federn präsentieren.

Ureinwohner, die ihren Lebensraum mit Paradiesvögeln teilen, schätzen deren herrliche Federn schon immer sehr. Sie schmücken sich damit besonders zu speziellen Anlässen.

**Bei den Ureinwohnern Papua-Neuguineas sind die Federn von Paradiesvögeln als Schmuck sehr begehrt**

**Wunderschön: der Nacktkopf-Paradiesvogel**

Hast Du den unglaublich gut getarnten Tagschläfer entdeckt?

## Ulkige Tarnkünstler

Zu den skurrilsten Vögeln überhaupt zählen ganz sicher die Tagschläfer aus Süd- und Mittelamerika. Am Tag sind die nachtaktiven Tiere kaum zu erkennen, so perfekt ist die baumrindenähnliche Tarnung ihres Gefieders. So richtig lustig aber sehen sie aus, wenn sie ihre großen Augen aufreißen ...

Mit geöffneten Augen sehen Tagschläfer unglaublich ulkig aus!

Doppelhornvögel sind unglaublich beeindruckende Nashornvögel

**Das kommt davon**

**Auch in Amerika gibt es Vögel mit riesigen Schnäbeln: die Tukane. Eine Legende der Ureinwohner erzählt, dass der Tukan zu einem Götterfest in den Himmel flog. Dort trank er so viel und so gierig, dass ihm zur Strafe der Becher am Kopf festwuchs. Tatsächlich gibt es verschiedene Theorien über die großen Schnäbel der Tukane. Wahrscheinlich dienen sie dem Wärmeausgleich, indem Hitze über die große Oberfläche abgegeben wird. Auch beim Pflücken von Früchten hilft der mächtige Schnabel.**

## Tolle Schnäbel

Die Nashornvögel aus Afrika und Asien fallen durch ihre riesigen Schnäbel auf. Dazu sitzt noch ein Helm oder Horn auf dem Schnabel, daher stammt ihr Name.

Nashornvögel gehen sehr geschickt mit ihrem Schnabel um. Sie können damit beispielsweise giftige Tiere töten oder Früchte schälen. Die Vögel brüten meistens in Baumhöhlen. Das Weibchen sperrt sich für die Zeit der Brut selbst ein: Aus Kot und Nahrungsresten mauert es die Nisthöhle bis auf einen kleinen Spalt zu. Nun ist das Weibchen samt der Brut gut vor Feinden geschützt, aber das Männchen muss allein für die Nahrung sorgen und reicht sie durch den Spalt in die Höhle hinein. Je größer die Jungvögel werden, umso schwerer fällt es dem Männchen, genug Nahrung heranzuschaffen. Bei einigen Arten bricht das Weibchen deshalb bald aus der Höhle aus und hilft mit. Die Jungtiere mauern sich danach zum Schutz selbst wieder ein.

**Obwohl ihr Schnabel so mächtig ist, können Nashornvögel ihn punktgenau wie eine Pinzette einsetzen, um damit eine Frucht zu ergreifen**

Woher der Name des afrikanischen Schuhschnabels stammt, kannst Du Dir leicht denken. Die scheuen Vögel werden bis zu 1,20 Meter groß. Sie wohnen nah am Wasser und fangen durch blitzschnelles Zustoßen Fische und seltener Frösche, Schildkröten und kleine Säugetiere.

# Echt affig!

Betrachtest Du Affen gleich welcher Art, bemerkst Du sicher ihre Ähnlichkeit zu uns Menschen. Kein Wunder, wir gehören schließlich selbst genau wie sie zur Gruppe der Primaten.

Kaum ein anderer Affe sieht so ulkig aus wie der Nasenaffe

## Der Nasenaffe

Nur die Männchen des Nasenaffen haben eine große, hängende Nase. Dies lässt vermuten, dass sie bei der Partnersuche eine Rolle spielt. Wahrscheinlich machen große Nasen ihre Besitzer für die Weibchen besonders attraktiv.

Nasenaffen leben auf der südostasiatischen Insel Borneo in Wäldern am Wasser. Sie sind gute Schwimmer und Taucher und besitzen sogar Schwimmhäute zwischen den Zehen!

Neugeborene Tiere haben blaue Gesichter, deren Farbe sich im ersten Lebensjahr über Grau zum endgültigen Hellbraun ändert. Die Vegetarier stehen auf der Roten Liste der gefährdeten Tierarten, denn ihr Lebensraum wird immer weiter zerstört: Wälder werden abgeholzt, um Palmölplantagen anzulegen.

## Der Rote Uakari

Manchmal sind uns Tiere besonders deshalb unheimlich, weil wir Ähnlichkeiten mit uns selbst entdecken. Das Gesicht des Roten Uakari wirkt tatsächlich wie ein etwas verschrumpeltes Menschengesicht – ein Grund, weshalb manche südamerikanischen Ureinwohner die Affen nicht jagen. Uakaris leben in Südamerika in Regenwäldern in Flussnähe. Hier springen und klettern sie durch das Geäst, auf der Suche nach Früchten, Samen, Blättern und Insekten.

Mit einem knallroten Gesicht zeigt der Uakari an, dass er fit und stark ist

### Rotgesichter

**Die intensive rote Färbung zeigt an, dass ein Uakari bei guter Gesundheit ist. Exemplare mit schwacher Färbung finden keine Partner.**

Koboldmakis besitzen riesige Augen, mit denen sie nachts hervorragend sehen können

## Kobold-makis

Wie süß! Diese kleinen Affenverwandten mit ihren riesigen Augen sehen einfach zum Knuddeln aus. Die Augen der nachtaktiven Tiere sind zwar nach vorne gerichtet, aber da sie den Kopf sehr weit drehen können, müssen sie trotzdem nicht auf einen Rundumblick verzichten. Die typische Haltung der Koboldmakis ist zusammengekauert an einem senkrechten Ast festgeklammert, wobei der Schwanz als Stütze dient. Mit den langen Hinterbeinen können sie sich springend und kletternd fortbewegen. Koboldmakis leben in Asien, und viele Arten sind gefährdet, denn neben natürlichen Feinden wie Schlangen und Greifvögeln haben sie auch verwilderte Hauskatzen und den Menschen zu fürchten, die sie jagen.

Mehrere Katzenrassen sind haarlos oder haben nur einen leichten Haarflaum, wie diese kanadische Sphinx-Katze.

Die langhaarigen Angorakaninchen können mehrmals pro Jahr geschoren werden und liefern weiche Angorawolle. Leider gibt es Wollproduzenten, die den Tieren die Wolle schmerzhaft ausreißen.

# Vom Menschen „gemacht“: ausgefallene Haustiere

Seit Jahrtausenden leben Menschen mit Tieren zusammen. Die allermeisten Haus- und Nutztiere werden nicht aus der Wildnis eingefangen, sondern vom Menschen gezüchtet. Dies bringt den Vorteil mit sich, dass besonders geeignete Tiere miteinander verpaart werden können und so über mehrere Generationen vom Menschen gewünschte Eigenschaften gefestigt werden: Hühner sollen möglichst viele Eier legen und Kühe viel Milch geben, Schweine sollen schnell wachsen und Esel kräftige Lastenträger sein.

Neben der Zucht besonders leistungsfähiger Nutztiere gibt es auch verschiedenste Haustierrassen, bei denen es besonders auf ihr Aussehen und

Der Puli ist ein ungarischer Hütehund. Sein Fell verfilzt zu langen Zotteln und hält ihn auch bei großer Kälte warm. Im Sommer leidet er allerdings unter der Hitze und liegt oft stundenlang bewegungslos im Schatten.

## Der hässlichste Hund der Welt

**Jedes Jahr findet in Kalifornien ein ganz besonderer Wettbewerb statt: Gesucht wird der hässlichste Hund der Welt! Jeder Hund ist hier zugelassen, ob es sich um reinrassige Tiere oder Mischlinge handelt. Vorstehende Zähne, schiefe Augen, krumme Beine und filziges Fell – solche Merkmale sind ausdrücklich erwünscht. Der Gewinner oder die Gewinnerin bekommt ein Preisgeld und einen Pokal.**

ihren Charakter ankommt. Jagdhunde müssen schnell und angriffslustig sein, Hütehunde sind wachsam und selbstständig, Schoßhunde kuscheln und schmusen gerne. Verschiedenste Rassen und sogenannte Varietäten gibt es aber nicht nur bei Hunden und Katzen, sondern auch bei Nagetieren, Kaninchen, Vögeln, Amphibien, Reptilien und Fischen. Manche Menschen haben offenbar einen so seltsamen Geschmack, dass auch gezüchtete Haustiere durchaus einen Platz unter den skurrilsten Tieren verdient haben.

**Der Chinesische Schopfhund hat nur Haare am Kopf, am Schwanz und an den Beinen**

**Über Schönheit lässt sich streiten – eine Englische Bulldogge**

## Leiden für die Schönheit

Manche Merkmale werden von einigen Menschen als schön empfunden, obwohl sie für das Tier großes Leid bedeuten. Werden solche Eigenschaften absichtlich weitergezüchtet, spricht man von Qualzucht. Hunde mit zu kurzen Schnauzen haben oft Atemnot, Katzen ohne Schwanz fehlt ein wichtiger Körperteil zum Halten des Gleichgewichts, Säugetiere ohne Fell haben oft Probleme mit der Regulierung ihrer Körpertemperatur und bekommen leicht Sonnenbrand.

Manchmal hat das vom Züchter gewünschte Merkmal auch gar keine direkte Verbindung mit den gesundheitlichen Problemen, unter denen die Tiere später leiden. Zum Beispiel können bestimmte Fellfärbungen mit eingeschränkter Seh- oder Hörfähigkeit einhergehen. Problematisch ist auch die Züchtung besonders kleiner Exemplare, etwa bei Hunden und Kaninchen. Der sogenannte Zwergwuchs führt oft zu Krankheiten, oder es werden Tiere geboren, die gar nicht lebensfähig sind.

**Manche Menschen mögen Nacktmeerschweinchen. Aber ob es diesen Tieren ohne Fell und Tasthaare wirklich gut geht?**

**Hunde der chinesischen Rasse Shar-Pei leiden wegen der zahlreichen Falten nicht nur besonders häufig unter Hautbeschwerden, sondern auch unter Erkrankungen der Atemwege und der Gelenke**

Kurze, breite Schnauzen und Nasen führen bei vielen Haustierrassen zu Atemnot und zu Augenproblemen wegen eines engen Tränenkanals.

In vielen Ländern gibt es heute Gesetze, die die Zucht von Tieren verbieten, die unter solchen Merkmalen leiden, die vom Menschen gezielt gezüchtet wurden. Trotzdem sollte sich auch jeder Tierhalter persönlich gut überlegen, welches Tier welcher Rasse er als Haustier halten möchte. Wenn viele Menschen gemeinsam deutlich machen, dass Merkmale niemals schön sind, die für Tiere Schmerzen oder körperlichen Schaden bedeuten, verlieren Qualzüchtungen ihre Unterstützung.

# Großes Quiz der skurrilsten Tiere

Du hast in diesem Buch eine Menge über skurrile und besondere Tiere erfahren. Wenn Du Lust dazu hast, kannst Du in folgendem Quiz Dein Wissen testen! Kreuze bei jeder Frage die Antwort mit Bleistift an, die Du für richtig hältst. Auf Seite 64 findest du die Auflösung. Viel Spaß!

**1. Nacktmulle leben in Staaten zusammen. Das bedeutet, dass ...**

a) ... sie riesige Dörfer und Städte bauen. ❍
b) ... Arbeitsteilung besteht, also unterschiedliche Tiere verschiedene Aufgaben wahrnehmen. ❍
c) ... die Tiere eine Art Präsidenten wählen. ❍

**2. Kräftige Vorderkrallen, eine lange Schnauze und eine klebrige Zunge: Damit ist das Erdferkel auf folgende Nahrung spezialisiert:**

a) Termiten und Ameisen ❍
b) Hartschalige Nüsse ❍
c) Gräser und Obst ❍

**3. Zu welcher Tiergruppe gehören Fingertiere?**

a) Wie die Eichhörnchen zu den Nagetieren ❍
b) Wie die Bären zu den Raubtieren ... ❍
c) Wie wir Menschen zu den Primaten ❍

**4. Wie schaffen es Blattschwanzgeckos, sogar an Glasscheiben hochzuklettern?**

a) Ihre Füße scheiden eine klebrige Flüssigkeit aus. ❍
b) Sie haben spezielle Magnete in den Zehen. ❍
c) Sie haben Haftzehen mit Milliarden kleinster Härchen. ❍

**5. In den Weiten der Tiefsee ist es gar nicht so einfach, einen Partner für die Paarung zu finden. Die Männchen des Tiefsee-Anglerfisches ...**

a) ... knirschen so lange so laut mit den Zähnen, bis endlich ein Weibchen zu ihnen kommt. ❍
b) ... beißen sich am Weibchen fest, wenn sie eines gefunden haben, und verwachsen manchmal sogar mit ihm. ❍
c) ... bauen eine gemütliche Höhle und sammeln Proviant, um Weibchen anzulocken. ❍

**6. Da kann jedes Huhn einpacken: Wie viele Eier legen die Weibchen des Spulwurms pro Tag?**

a) Bis zu 200 ❍
b) Bis zu 2 000 ❍
c) Bis zu 200 000 ❍

**7. Ein Zeckenbiss an sich ist nicht gefährlich. Aber ...**

a) ... wenn man dadurch zu viel Blut verliert, kann man ohnmächtig werden. ❍
b) ... der Biss tut wahnsinnig weh. ❍
c) ... Zecken übertragen gefährliche und manchmal tödliche Krankheiten. ❍

**8. Gute Tarnung ist für viele Tiere überlebenswichtig. Was ist der Fachausdruck für das Anpassen des Aussehens und der Bewegungen an die Umgebung?**

a) Mimese ❍
b) Polonaise ❍
c) Mayonnaise ❍

**9. Auf welchen Kontinenten leben Schuppentiere und Gürteltiere?**

a) Schuppentiere leben in Australien, Gürteltiere in Amerika. ❍
b) Schuppentiere leben in Australien, Gürteltiere in der Antarktis. ❍
c) Schuppentiere leben in Afrika und Asien, Gürteltiere in Amerika. ❍

**10. Bärtierchen sind Winzlinge mit ganz besonderen Fähigkeiten. Auf welchen Kontinenten kommen sie vor?**

a) In Afrika und Asien ❍
b) In Asien und Australien ❍
c) Weltweit ❍

**11. Was ist das Besondere am Axolotl?**

a) Er ist das einzige Amphib, das einen langen Schwanz hat. ❍
b) Er bleibt sein Leben lang eine Larve. ❍
c) Er verteidigt sich durch heftige Schwanzschläge. ❍

**12. Was versteht man unter Metamorphose?**

a) Die Umwandlung einer Larve in ein erwachsenes Tier ❍
b) Die Neubildung eines Beins nach schwerer Verletzung ❍
c) Ein Abwehrspray gegen gefährliche Wassermonster ❍

**13. Warum merken Tiere oft gar nicht, wenn sie von einer Vampirfledermaus gebissen werden?**

a) Weil der Speichel der Fledermäuse den Schmerz betäubt. ❍
b) Weil die Fledermäuse nur schlafende Tiere anfallen. ❍
c) Weil die Blutmahlzeit nur ein paar Sekunden dauert. ❍

**14. In welche Tiergruppe gehören Schnabeltier und Ameisenigel?**

a) Zu den Vögeln ❍
b) Zu den Säugetieren ❍
c) Zu den Reptilien ❍

**15. Wie heißen die bayrischen Fabeltiere, die Präparatoren aus verschiedenen Arten zusammensetzten?**

a) Wolpertinger ❍
b) Freisinger ❍
c) Straubinger ❍

**16. Wie war das noch mal mit den Beinen?**

a) Insekten haben sechs und Spinnen zehn ❍
b) Insekten haben sechs und Spinnen acht ❍
c) Insekten haben acht und Spinnen zehn ❍

**17. Welches besondere Verhalten zeigen Nashornvögel bei der Brut?**

a) Nur die Männchen kümmern sich um den Nachwuchs. ❍
b) Die Eier werden im großen Schnabel ausgebrütet. ❍
c) Die Weibchen mauern sich zum Schutz in der Nisthöhle ein. ❍

**18. Welches dieser Tiere hat Schwimmhäute zwischen den Zehen?**

a) Der Nasenaffe ❍
b) Der Rote Uakari ❍
c) Der Koboldmaki ❍

**19. Mit der intensiven roten Gesichtsfarbe zeigt der Rote Uakari seinen Artgenossen, dass ...**

a) ... er aggressiv ist und gleich zubeißen wird. ❍
b) ... er über 40 Grad Fieber hat. ❍
c) ... er bei guter Gesundheit ist. ❍

**20. Warum sind Katzen ohne Schwänze Qualzuchten?**

a) Weil sie besonders hässlich sind. ❍
b) Weil eine Katze ohne Schwanz keine Junge bekommen kann. ❍
c) Weil der Schwanz wichtig ist, um das Gleichgewicht zu halten. ❍

# Lösungen zum Quiz zu den skurrilsten Tieren

1) b: Nacktmulle leben in Staaten zusammen. Das bedeutet, dass Arbeitsteilung besteht, also unterschiedliche Tiere verschiedene Aufgaben wahrnehmen.
2) a: Das Erdferkel ist auf Termiten und Ameisen spezialisiert.
3) c: Fingertiere gehören wie wir Menschen zu den Primaten.
4) c: Blattschwanzgeckos haben Haftzehen mit Milliarden kleinster Härchen.
5) b: Die Männchen des Tiefseeanglerfisches beißen sich am Weibchen fest und verwachsen manchmal sogar mit ihm.
6) c): Die Weibchen des Spulwurms legen pro Tag bis zu 200 000 Eier.
7) c: Zecken übertragen gefährliche und manchmal tödliche Krankheiten.
8) a: Der Fachausdruck für das Anpassen des Aussehens und der Bewegungen an die Umgebung ist Mimese.
9) c: Schuppentiere leben in Afrika und Asien, Gürteltiere in Amerika.
10) c: Bärtierchen kommen weltweit vor.
11) b: Der Axolotl bleibt sein Leben lang eine Larve und pflanzt sich so auch fort.
12) a: Unter Metamorphose versteht man die Umwandlung einer Larve in ein erwachsenes Tier.
13) a: Tiere merken oft gar nicht, wenn sie von einer Vampirfledermaus gebissen werden, weil der Speichel der Fledermäuse den Schmerz betäubt.
14) b: Schnabeltier und Ameisenigel gehören zu den Säugetieren.
15) a: Die bayrischen Fabeltiere, die Präparatoren aus verschiedenen Arten zusammensetzten, heißen Wolpertinger.
16) c: Insekten haben sechs Beine und Spinnen acht.
17) c: Die Weibchen des Nashornvogels mauern sich zum Schutz in der Nisthöhle ein.
18) a: Der Nasenaffe hat Schwimmhäute zwischen den Zehen.
19) c: Mit der intensiven roten Gesichtsfarbe zeigt der Rote Uakari seinen Artgenossen, dass er bei guter Gesundheit ist.
20) c: Katzen ohne Schwänze sind Qualzuchten, weil der Schwanz wichtig beim Balancieren und Halten des Gleichgewichts ist.

Hast Du die beiden super getarnten Frösche gefunden?

# Entdecke die Reihe mit der Eule!

Entdecke die Eulen

Entdecke die Greifvögel

Entdecke die Geier

Entdecke die Rabenvögel

Entdecke die Spechte

Entdecke die Finken

Entdecke die Spatzen

Entdecke die Eisvögel

Entdecke die Zugvögel

Entdecke die Singvögel

Entdecke die Meisen

Entdecke die Kraniche

Entdecke die Störche

Entdecke Schwäne, Gänse & Enten

Entdecke die Möwen

Entdecke die Pinguine

Entdecke die Papageien

Entdecke die Kolibris

Entdecke die Fledermäuse

Entdecke die Hunde

Entdecke die Kühe

Entdecke die Pferde

Entdecke die Esel

Entdecke die Nagetiere

Entdecke die Igel

Entdecke die Maulwürfe

Entdecke die Waschbären

Entdecke die Biber

Entdecke die Otter

Entdecke heimische Wildtiere

Entdecke die Wölfe

Entdecke die Bären

Entdecke die Tiger

Entdecke die Menschenaffen

Entdecke Affen und Lemuren

Entdecke die Pandas

Entdecke die Elefanten

Entdecke die Nashörner

Entdecke die Erdmännchen

Entdecke die Beuteltiere

**Natur und Tier - Verlag GmbH**
An der Kleimannbrücke 39/41 · 48157 Münster
Telefon: 0251 - 13339-0 · Fax: 0251 - 13339-33
E-Mail: verlag@ms-verlag.de · www.ms-verlag.de